Tête du Bouddha

*« L'esprit chancelle et s'agite sans trêve… que les sages s'efforcent de rendre droit leur esprit, tout comme celui qui taille une flèche s'efforce de la faire droite. »*
Bouddha *Gautama*

Éros, Aphrodite et Pan, trois divinités grecques

*« L'âme est comme un conducteur de char à deux chevaux, dont l'un est noble et bon, l'autre tout le contraire. »*
Platon in *Phèdre*

Verset du Coran gravé sur un médaillon de gemme

*« Ce qui est dans les cieux et ce qui est sur la terre appartient à Dieu. La science de Dieu s'étend à toute chose. »*
Coran, sourate IV

Croix ansée égyptienne, symbole d'éternité

*« Je suis tout ce qui a été,*
*Je suis tout ce qui est,*
*Je suis tout ce qui sera.*
*Pourtant, nul œil mortel*
*ne m'a jamais perçue telle que je suis. »*
Hymne à Neit,
déesse-mère égyptienne

Icône représentant le Christ en croix

*« Jésus-Christ est le même hier et aujourd'hui, et le sera éternellement. »*
Épître aux Hébreux, XIII. 8

*« Pour la libération des bons, pour la destruction de ceux qui font le mal, pour mettre sur le trône la Justice, Je prends naissance d'âge en âge. »*
Krishna,
Bhagavad-Gita, chant IV

Statue hindoue de Krishna, incarnation de Vishnou

# les religions du monde

par

Myrtle Langley

Photographies originales de Geoff Dann, Ellen Howden, Andy Crawford, Ray Moller et Gary Ombler

Rouleau de la Torah

*« Alors Dieu dit à Moïse : « JE SUIS CELUI QUI SUIS. »*
*Il dit aussi : « Tu diras aussi aux enfants d'Israël :*
*"Celui qui s'appelle JE SUIS m'a envoyé vers vous." »*
Exode, III, 14

GALLIMARD

Mitre d'évêque

Comité éditorial

Londres :
Gillian Denton, Julia Harris,
David Pinckering, Sharon Spencer,
Charlotte Traill, Kathy Lockley et Julie Ferris

Paris :
Christine Baker, Clotilde Lefebvre,
Jacques Marziou et Éric Pierrat

Conseil : Jean-Olivier Héron
Traduction et conseil pour l'édition française :
Dominique Barrios-Delgado,
Michelle Esclapez et Pascale Houssin.

Publié sous la direction de

Peter Kindersley,
Jean-Olivier Héron
et
Pierre Marchand

Carreau de céramique orné
de paroles du Coran

Chapelet chrétien utilisé
pour la prière

*« Je n'entasse pas de bois pour les feux ou les autels ;*
*J'attise une flamme en moi…*
*Mon cœur est l'âtre, la flamme est le soi dompté. »*
Bouddha, Samyutta I, 169

Céramique islamique

ISBN 2-07-059534-X
La conception de cette collection est le fruit
d'une collaboration entre les Editions Gallimard
et Dorling Kindersley

Loi n° 49-956 du 16 juillet 1949
sur les publications destinées à la jeunesse
Dépôt légal : septembre 1996.
N° d'édition : 76290
Imprimé à Singapour

Durga, déesse hindoue

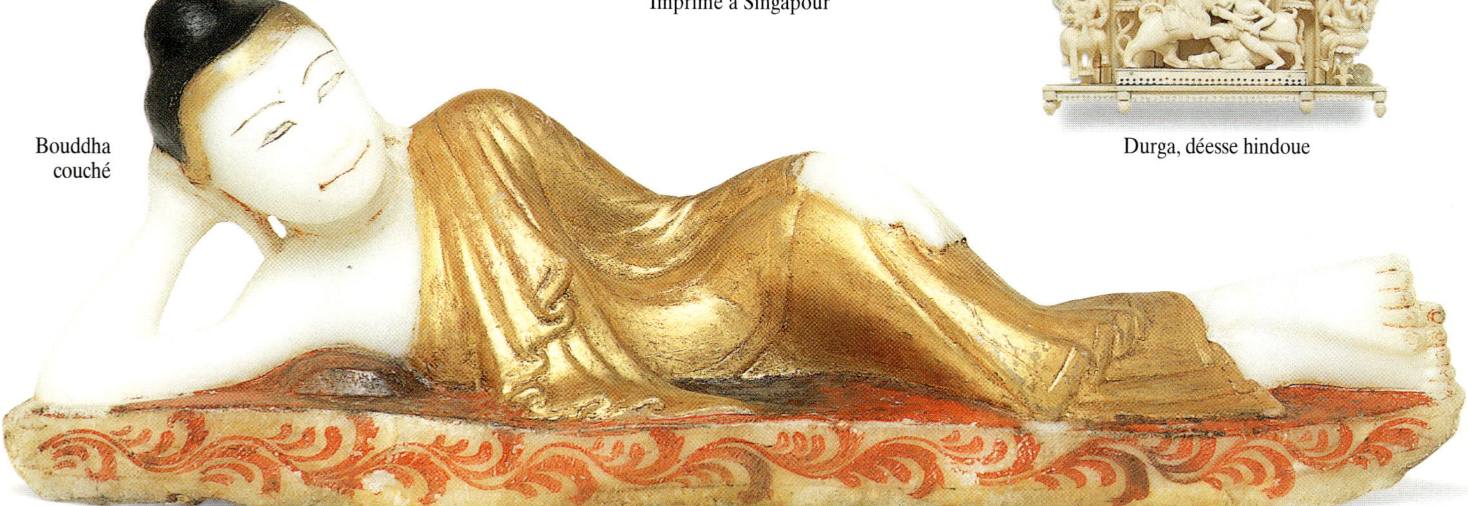

Bouddha
couché

Assiette utilisée pour le *seder*, repas pascal des juifs

Moulin à prière tibétain

# SOMMAIRE



## INTRODUCTION

« Il est fou celui qui regarde le doigt qui lui montre la lune ! », observe un proverbe chinois. En nous donnant à contempler les signes qu'elles ont élaborés pour nous désigner l'invisible, les religions semblent nous inviter, depuis toujours, à ce genre de folie. Pourtant l'enfant sait bien qu'une fleur offerte à ses parents désigne, mieux que des mots, l'amour parfaitement invisible qu'il leur porte… Chargées de gérer les relations que les individus et les sociétés humaines entretiennent avec les réalités cachées, les présences mystérieuses et autres énergies sacrées, les religions multiplient les signes sensibles capables d'orienter nos regards intérieurs vers cet essentiel où l'humain s'enracine. « Dieu, personne ne l'a vu », dit la Bible. Cet album recense les mille et une façons dont les religions, à défaut de pouvoir montrer Dieu, révèlent le sacré à travers la beauté, l'harmonie et l'infinie richesse des différentes cultures.

# LA QUÊTE SPIRITUELLE

**LA LUMIÈRE DE LA VIE**
Dès les temps les plus anciens, les hommes ont compris que la vie sur terre dépendait du soleil. Ils ont donc associé l'idée de Dieu à cette lumière vitale et choisi cet astre comme symbole divin.

Le monde où nous vivons est plein de contrastes. Parfois dur et hostile, il est aussi source d'émerveillement et de joie. La vie peut être tour à tour pénible ou passionnante. On peut se sentir seul, même entouré d'une foule de gens. En règle générale, la vie et l'univers demeurent pour nous un grand mystère. Depuis l'aube des temps, les hommes se sont interrogés sur leur origine, sur le sens de la vie et de la mort. C'est de cette longue quête (ou recherche) spirituelle que sont nées les multiples religions du monde. On peut distinguer deux grands courants. Le premier accepte le monde avec ce qu'il a d'essentiellement bon, tout en s'attachant à en corriger les défauts. Le second considère que la réalité est spirituelle et cherche à libérer l'âme du monde matériel et du cycle éternel de la naissance, de la mort et de la réincarnation. Les religions nous apprennent à vivre, nous racontent des mythes et des récits légendaires sur les divinités et la création – qui nous aident à comprendre les mystères de la vie. Elles nous proposent des manières de penser et des croyances, nous enseignent des rites – c'est-à-dire des actes accomplis suivant un modèle bien défini – qui jouent un grand rôle dans la transmission du culte, l'éducation et le comportement social. Les religions aident à atteindre l'harmonie avec le monde, à tisser des liens entre le visible et l'invisible…

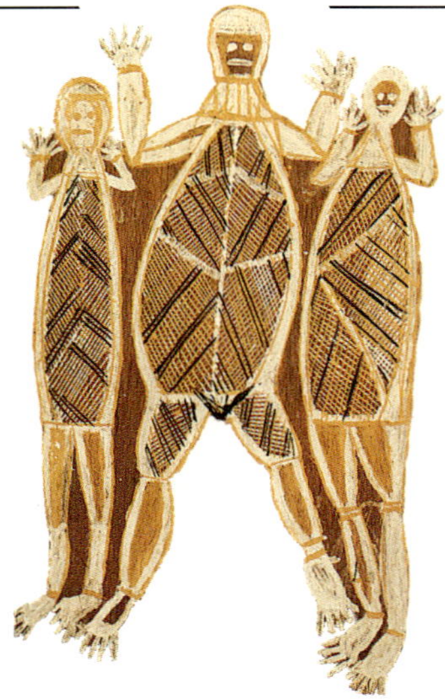

**LE MYTHE DE LA CRÉATION**
Cette peinture sur écorce *churinga*, provenant d'Australie, nous montre un groupe ancestral de l'âge d'or où le monde a pris forme et où sont apparus les premiers aborigènes. Dans beaucoup de religions, la loi morale est fondée sur les mythes de la création et des ancêtres.

*« La religion ne nous est pas étrangère… elle est en nous. De façon consciente pour certains, inconsciente pour d'autres, mais elle est toujours présente. »*
Mahatma Gandhi

Uluru, (connu également sous le nom d'Ayers Rock) en Australie

**CHEMINEMENT SPIRITUEL**
Ce grand monument bouddhique à Barabudur en Indonésie en forme de pyramide compte quatre niveaux de galeries et trois terrasses circulaires où se trouvent 72 stupa renfermant chacune une statue du Bouddha illustrant son cheminement spirituel. Au cours de leur lente ascension vers le sommet, les pèlerins suivent son exemple. Le monument est coiffé d'un stupa final pour invoquer la présence du Bouddha. L'architecture, la sculpture et les différents arts servent à véhiculer les idées de nombreuses religions.

## LA VIE ET LA MORT

La mort nous attend tous. Certains l'accueillent avec soulagement, d'autres la redoutent. Mais pour beaucoup, il existe des signes faisant penser que la mort n'est pas la fin de tout et que la vie d'ici-bas n'est pas la seule et unique vie possible. De même qu'il nous arrive de nous voir en rêve comme de l'extérieur, détachés de notre enveloppe charnelle, il n'est pas rare de visiter un endroit avec l'étrange impression de l'avoir déjà vu. D'où certaines croyances admettant que l'âme peut se réincarner dans différentes personnes ou bien que l'âme et le corps seront de nouveau réunis après la mort. On peut considérer l'édification des tombeaux et les rituels funéraires comme les préparatifs d'une vie nouvelle.

## PURIFICATION ET GUÉRISON

L'eau est indispensable à la vie. C'est pourquoi les sources et les rivières sont considérées depuis fort longtemps comme des symboles spirituels. Ce sont souvent des lieux de pèlerinage. En Inde (ci-contre), les gens viennent se désaltérer ou se baigner dans les eaux sacrées du Gange afin de purifier leur corps et leur esprit.

Pierre tombale islamique

*« Tu nous a faits pour Toi et nos cœurs ne trouveront pas la paix tant qu'ils ne reposeront pas en Toi. »*
Saint Augustin d'Hippone

*Ce rocher mesure 348 m de haut, 6 km de long et 2 km de large.*

*Il y a plusieurs grottes sacrées situées au pied du rocher.*

## LA MONTAGNE SACRÉE

Le gigantesque rocher d'Uluru a, pour les aborigènes d'Australie, une grande signification spirituelle. Leurs croyances et leurs coutumes sont en effet étroitement liées à la terre et à la nature. Le paysage lui-même recèle quantités de symboles divins. On retrouve des croyances similaires dans d'autres religions, et il existe plusieurs montagnes « sacrées » à travers le monde. Certaines sont même considérées comme la demeure des dieux.

Découverte en Autriche, la Vénus de Willendorf a environ 22 000 ans. Elle est généralement interprétée comme une divinité de la fécondité.

## FERTILITÉ ET CULTE DE LA MÈRE

La vie dépend de la fertilité du sol, de la lumière et de l'eau du ciel. Le dieu Soleil et la déesse Terre ont souvent été représentés en train de s'unir pour donner la vie. La terre devient également fertile grâce au labeur des hommes, soutenus par des divinités mineures, tels le Tonnerre et la Pluie. Le culte de la Mère – associé au printemps, aux semailles, aux moissons et à la maternité – est sans doute l'un des rites religieux les plus anciens du monde, sans doute le plus ancien de tous.

# LA VIE ET LA MORT DANS L'ÉGYPTE ANCIENNE

Les Égyptiens de l'Antiquité vénéraient de nombreux dieux, lesquels régnaient sur différents domaines terrestres et célestes. Rê, le dieu solaire suprême, source de toute vie, était adoré sous divers aspects. Croyant que tous les événements étaient régis par les dieux, les Égyptiens leur faisaient de nombreuses offrandes afin de les satisfaire et de s'assurer leur protection. Ils s'efforçaient de bien se conduire durant leur vivant de façon à être admis au royaume d'Osiris après leur mort. Ce royaume, appelé « les Champs de Roseaux », était une image idéalisée de l'Égypte. Avant d'y parvenir, le défunt devait affronter les monstres et les lacs de feu de l'enfer souterrain, puis effectuer un long voyage vers l'au-delà, ou *douat*. S'il sortait vainqueur de tous ces périls, il lui restait alors à passer l'ultime épreuve du jugement dans la salle des Deux Justices.

**SIGNE DE VIE**
En Egypte, seuls les rois, les reines et les dieux avaient le droit de porter cette croix ansée appelée *ankh*. C'est le signe de vie indiquant que celui qui le porte a le pouvoir de donner ou de reprendre la vie aux simples mortels.

**L'ŒIL D'HORUS**
On déposait cette amulette à côté des momies. Elle représente l'œil que le dieu du Ciel Horus avait perdu en combattant Seth, dieu du Désordre et de la Violence. Selon la légende, Horus aurait ensuite retrouvé son œil par miracle. Connu sous le nom de *oudjat*, cet œil fétiche possède des vertus protectrices et curatives. Il symbolise aussi la victoire du bien sur le mal.

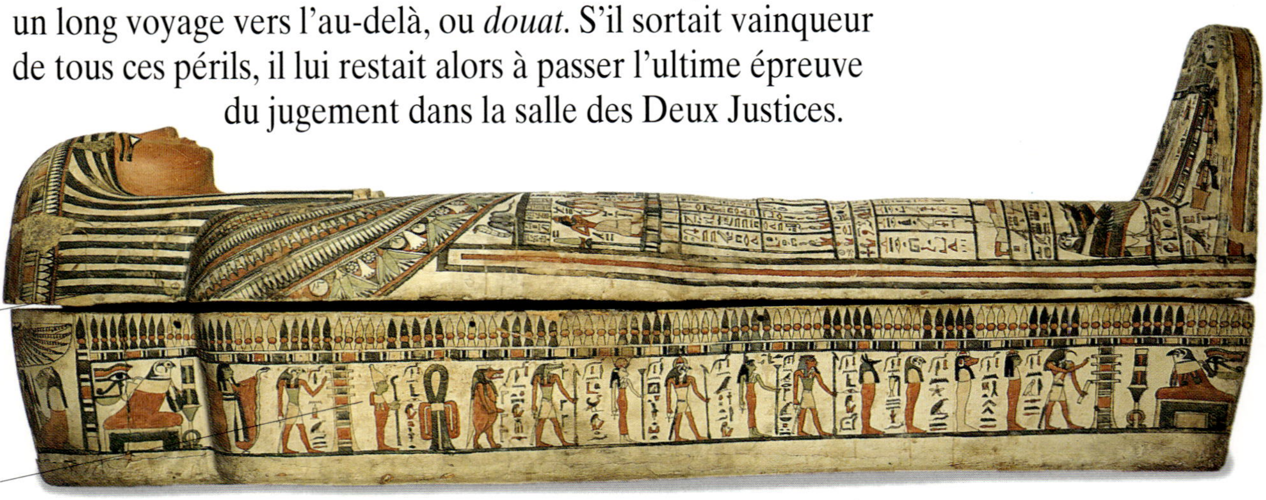

*Sarcophage extérieur de Pasenhor, l'un des nombreux Libyens établis en Egypte au cours du Nouvel Empire (1580 à 1085 av. J.-C.)*

*Les symboles peints sur le sarcophage avaient pour but d'aider la momie à accomplir son dangereux voyage vers l'au-delà.*

**LE JUGEMENT**
Après la *douat*, la dernière étape à franchir se déroulait dans la salle des Deux Justices, où l'on pesait le cœur du mort pour savoir s'il était lourd de péchés. Sur l'autre plateau de la balance reposait une plume symbolisant Maât, la déesse de la Vérité et de la Justice. Ici, le mort est présenté à Osiris après avoir passé l'épreuve avec succès. S'il avait échoué, le monstre Ammit lui aurait dévoré le cœur et l'aurait ainsi empêché d'accéder à la vie éternelle.

**LA DEMEURE DE L'ÂME**
Les Egyptiens se préparaient à partir vers l'autre monde selon un rituel bien défini. Ils momifiaient les corps afin qu'ils restent intacts à tout jamais et que l'âme du mort puisse garder sa demeure. On plaçait dans les tombeaux de nombreuses amulettes magiques pour protéger les momies et les aider à triompher des dangers de la *douat*, ainsi qu'une quantité de choses indispensables à leur survie (nourriture, boisson, ustensiles divers).

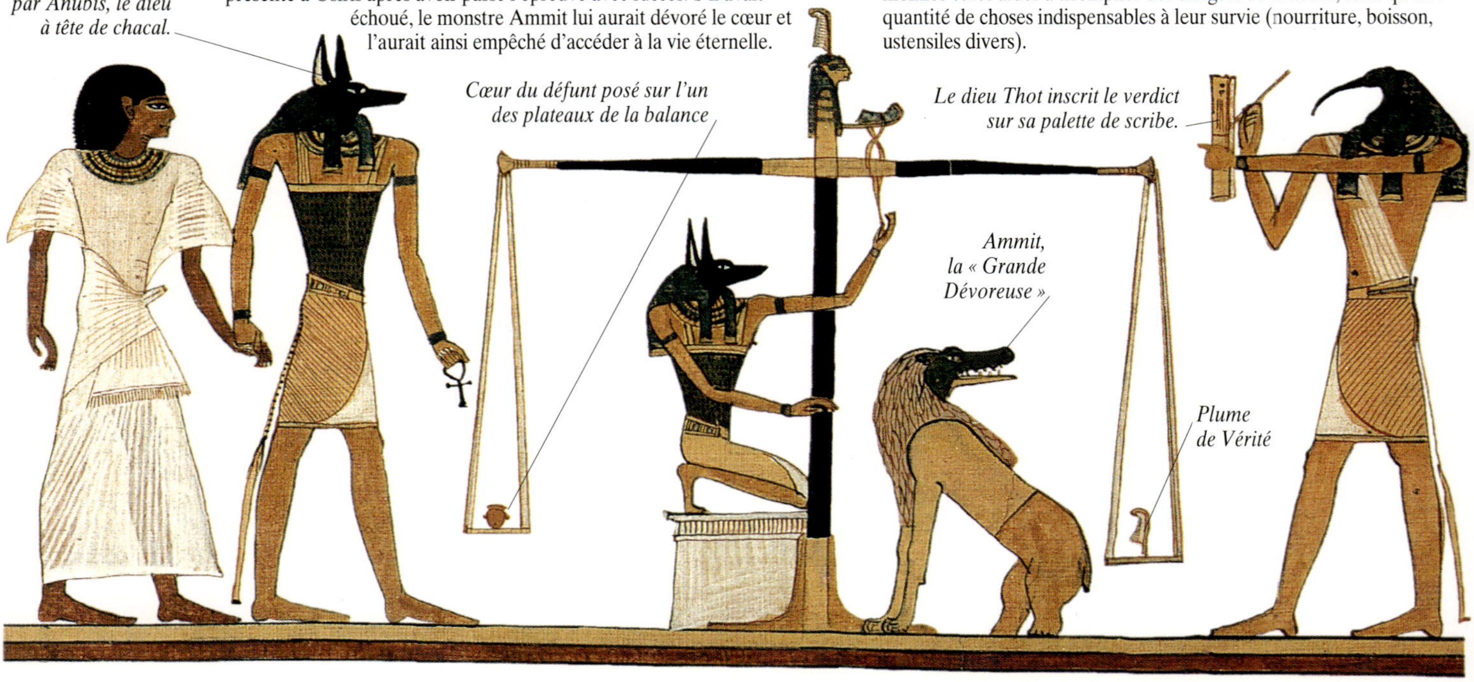

*Le mort est guidé par Anubis, le dieu à tête de chacal.*

*Cœur du défunt posé sur l'un des plateaux de la balance*

*Le dieu Thot inscrit le verdict sur sa palette de scribe.*

*Ammit, la « Grande Dévoreuse »*

*Plume de Vérité*

## RENAISSANCE

Le principe de la renaissance – appelée aussi nouvelle ou seconde naissance – se retrouve dans de nombreuses religions. Pour certaines, il s'agit du passage de l'enfance à l'âge adulte, pour d'autres de l'éveil à la vie spirituelle ou bien encore de la résurrection après la mort. Pour les anciens Egyptiens, l'âme du défunt devait quitter le tombeau afin de s'engager sur le dangereux chemin conduisant au paradis d'Osiris, royaume de la vie éternelle. L'eau est souvent symbole de renaissance.

**FORMULES MAGIQUES**
Le *Livre des Morts* est un rouleau de papyrus sur lequel sont inscrites des formules magiques et des prières destinées à aider le défunt dans son périlleux voyage vers l'au-delà. Cette statuette d'Osiris recèle un compartiment secret qui abritait le précieux papyrus.

*Compartiment secret*

*Rouleau de papyrus*

**LE DIEU DE LA RENAISSANCE**
Osiris, dieu de l'Au-delà, présidait au jugement des âmes. Ayant triomphé de la mort, il était aussi considéré comme le dieu de la Renaissance, et tout Egyptien devait suivre son exemple. On plaçait sa statue dans les temples et les tombeaux.

*« Shaouabti »*

*Boîte en bois peint renfermant des* shaouabtis. *On y voit représentés des dieux et une prêtresse.*

*« Ô toi qui vis sur terre, qui aimes la vie et détestes la mort… »*
Inscription figurant sur un tombeau égyptien

**STATUETTES D'OUVRIERS**
Les Egyptiens croyaient qu'après la mort Osiris leur demanderait à l'occasion de travailler dans les champs de son royaume. Les riches se faisaient donc enterrer avec des figurines – ou *shaouabtis* – capables d'accomplir les rudes tâches à leur place.

*Osiris présidant le jugement*

*Les deux déesses gardiennes : Isis, épouse d'Osiris, et sa sœur Nephthys*

*Les quatre fils d'Horus, gardiens des organes vitaux, présentés debout sur une fleur de lotus*

# LE PANTHÉON GREC

Pour les anciens Grecs, la nature était sacrée car elle détenait les secrets de la vie. Le dieu du Ciel trônait sur une montagne que les fidèles gravissaient pour lui demander de faire tomber la pluie. Chaque arbre était habité par un esprit divin. Le chêne était voué à Zeus, l'olivier à Athéna, le laurier à Apollon et le myrte à Aphrodite. Les bosquets, également sacrés, étaient des lieux d'asile. Chaque source abritait une nymphe, chaque fleuve avait son dieu et la mer était la demeure de nombreux esprits et divinités. Tous les aspects de la vie quotidienne avaient leurs protecteurs et, selon la circonstance, on choisissait de s'adresser à un dieu plutôt qu'à un autre. Les dieux intervenaient à leur guise dans la vie des humains et décidaient, selon leur humeur, de les aider ou de leur nuire.

**MÈRE ET CHASSERESSE**
Artémis est la déesse de la Chasse et de la Lune. A Ephèse, son culte se confondit avec celui d'une divinité Mère Suprême, ancienne déesse de la Terre et de la Fécondité.

**LE PARTHÉNON**
Construit au V$^{e}$ siècle av. J.-C., sous le règne de Périclès par Phidias, le Parthénon se dresse au sommet de l'Acropole d'Athènes. Ce temple consacré au culte d'Athéna abritait une immense statue de la déesse (haute de 12 m) en or et en ivoire.

*Éros, fils d'Aphrodite et dieu de l'Amour*

*Aphrodite, représentée sous les traits d'une charmante jeune femme*

*Avec ses pieds et ses cornes de bouc, Pan apparaît comme un dieu au physique bien disgracieux.*

*L'oie, l'un des symboles d'Aphrodite*

**LA DÉESSE DE L'AMOUR**
Déesse de l'Amour et de la Beauté, Aphrodite fut également surnommée « née de l'écume » car, selon la mythologie, elle serait sortie d'une vague fécondée par le sang d'Ouranos, à l'issue d'un combat avec l'un de ses fils, Cronos. Ce miroir gravé la représente en train de jouer aux osselets en compagnie de Pan, dieu de la Nature.

**APOLLON**
Frère d'Artémis, Apollon incarne la jeunesse et la beauté. C'est un dieu puissant, souvent associé au soleil, à la lumière, à la divination, à la musique et à la guérison. Ses violentes colères en font aussi un dieu redoutable.

**LA DÉESSE DE LA TERRE NOURRICIÈRE**
Déméter est la déesse des Moissons. On dit qu'elle cessa d'assurer la fertilité de la terre après qu'Hadès (dieu des Enfers) eut enlevé sa fille Perséphone. Zeus négocia sa libération, sous condition qu'elle n'ait rien mangé au royaume d'Hadès. Comme Perséphone avait malheureusement mangé six grains de grenade durant son séjour aux Enfers, elle fut condamnée à passer chaque année six mois avec Hadès, et le reste du temps avec sa mère. Ce mythe donnait l'explication des saisons.

Figurines en terre cuite représentant Déméter et Perséphone, assises côte à côte et tenant les rênes d'un char à bœufs.

Zeus, souverain des dieux

*« Connais-toi toi-même… Evite les excès. »*
Oracle de Delphes

**L'ORACLE DE DELPHES**
Dans la Grèce antique, on interrogeait les dieux avant de prendre une décision importante. Pour cela, on allait consulter les oracles dans des lieux sacrés. Le plus célèbre, la Pythie, prêtresse d'Apollon, se trouvait à Delphes.

Égée, roi d'Athènes, en train de consulter l'oracle

**TRANSES**
La Pythie de Delphes entrait en transes et transmettait la réponse du dieu sous forme de cris incohérents ou de paroles obscures que les prêtres du temple interprétaient en termes plus clairs.

**LE DIEU SUPRÊME**
Zeus est le plus grand des dieux grecs. Armé de la foudre qui symbolise son pouvoir sur la terre comme au ciel, il est l'arbitre de la Justice. Ses frères, Poséidon et Hadès, règnent respectivement sur la mer et sur le monde souterrain des Enfers. Zeus épousa sa sœur Héra, qui lui donna plusieurs enfants. Mais il engendra aussi d'innombrables divinités et demi-dieux avec d'autres déesses ou de simples mortelles. On le représente généralement sous les traits d'un homme mûr, barbu, empreint de force et de dignité.

**UNE SAGE GUERRIÈRE**
Athéna est la déesse de la Sagesse, de la Littérature, de la Philosophie et des Arts, mais aussi de la Guerre. Elle a pour symboles la chouette et l'olivier. Elle a donné son nom à la ville d'Athènes, où l'on célébrait de grandes fêtes en son honneur. En Grèce, chaque cité avait sa divinité protectrice que l'on vénérait et à qui l'on demandait bienveillance et assistance, surtout en période difficile.

**LES PUISSANCES DE LA NATURE**
De nombreuses populations dites « primitives » croient que tous les éléments de la nature sont habités par des forces et que tous les êtres, animés ou non, ont une âme, d'où le nom d'animisme donné à cette religion. En Polynésie, les dieux, les esprits de la nature et des ancêtres sont souvent incarnés par des sculptures en bois qui sont les « véhicules » (ou demeures matérielles) de leurs âmes (ou mânes). Cette statue des îles Cook représente le dieu des Pêcheurs, protecteur des canoës. On retrouve très souvent les mêmes divinités dans les diverses sociétés océaniennes, mais sous des noms différents.

## L'ANIMISME

Il existe environ 250 millions d'hommes et de femmes répartis sur les continents africain, océanien et américain qui vivent selon des traditions orales très anciennes. Dans ces sociétés, tout ce qui a trait à la vie est d'ordre religieux. Leurs membres s'en remettent au monde des esprits pour obtenir aide et protection. Ces populations associent souvent l'idée de Dieu au soleil et au ciel, tout en admettant la présence terrestre de divers esprits et de dieux mineurs qui déterminent l'organisation de leur vie sociale. Les Massaïs, en Afrique orientale, honorent un dieu solaire unique ; au Nigeria, les Yorubas croient en un Grand Dieu qui règne sur d'autres divinités ayant un pouvoir moindre. Les habitants des forêts tropicales vénèrent des puissances de la nature et pratiquent le culte des ancêtres.
Les rites animistes sont souvent complexes et revêtent des formes extrêmement variées suivant les ethnies.

**SORTILÈGES ET GUÉRISON**
Dans les sociétés animistes, la maladie peut venir des vivants et des morts. Si l'esprit d'un ancêtre n'a pas été assez honoré, il peut se venger ; un être vivant aussi peut jeter un sort à quelqu'un d'autre s'il s'estime offensé. Les guérisseurs se servent soit de leur pouvoir spirituel soit de leurs connaissances médicales pour soigner leurs patients.

Collier de guérisseur africain, avec diverses amulettes

### SACRIFICE

Dès les temps les plus reculés, les hommes ont offert des sacrifices à leurs ancêtres, à leurs dieux ou aux forces de la nature afin de les remercier, de se concilier leur bienveillance ou d'apaiser leur colère. Ces sacrifices impliquent parfois la mise à mort d'animaux (généralement volailles ou bétail), mais peuvent aussi consister en privations ou en renoncements à certains plaisirs.

**SANCTUAIRE D'OSHUN**
Oshun, déesse des Rivières, est la principale divinité des Yorubas. Selon la légende, les dieux masculins ne sont devenus actifs qu'après sa venue. Les femmes la vénèrent lorsqu'elles souhaitent un enfant ou pour être protégées de la maladie.

*Épi de maïs constituant le corps de la poupée*

Poupée de fertilité, Cameroun

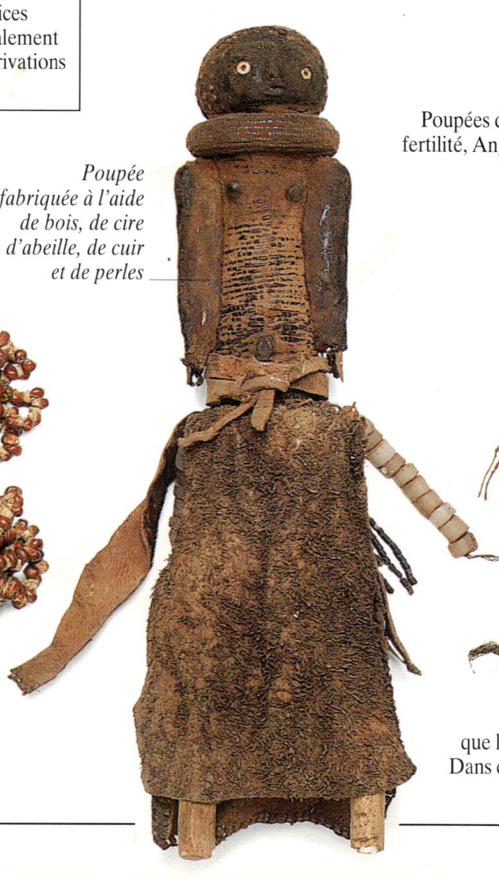

*Poupée fabriquée à l'aide de bois, de cire d'abeille, de cuir et de perles*

Poupées de fertilité, Angola

**LA TERRE, SOURCE DE VIE**
De nombreux peuples de tradition orale comptent sur les esprits et les mânes des ancêtres pour apporter le soleil, la pluie et une terre fertile indispensables à leur subsistance. On adresse aussi des prières à ces mêmes esprits pour que les femmes donnent une nombreuse descendance à leur famille. Dans certaines sociétés, les adolescentes et les jeunes femmes portent sur elles des poupées comme celles-ci afin d'être fécondes.

La surface réfléchissante du métal permet de repousser les mauvais esprits qui menacent l'ancêtre.

Fétiche kota, en bois recouvert de laiton

**FÉTICHES PROTECTEURS**
Pour certains, les reliques (objets personnels ou ossements) de personnages importants détiennent des pouvoirs. Les Kotas du Gabon conservent les crânes et les os de leurs illustres ancêtres dans des paniers placés dans des cases spéciales où on leur fait des offrandes. Ces paniers sont protégés des forces du mal par des fétiches tels que celui-ci.

*« Ceux qui sont morts ne sont pas partis. »*
Proverbe africain

*Les personnages à l'arrière-plan représentent probablement les esclaves attachés à la famille de l'ancêtre.*

*Les trois personnages principaux portent les emblèmes des chefs : un couteau, une défense en ivoire et une coiffure très sophistiquée.*

*A l'origine, ces trois figurines anciennes portaient un pagne en tissu.*

**PARAVENT ANCESTRAL**
Les ancêtres peuvent protéger et guider leurs descendants, à condition que ceux-ci les honorent de leur vivant. Chez les Kalabari du Nigeria, des paravents semblables à celui-ci ornaient les autels où l'on faisait des offrandes à l'esprit de l'ancêtre concerné. Ici, le personnage central est un commerçant prospère, encadré de ses deux fils ou de ses assistants.

Masque rituel sandé

## LES RITES SACRÉS

Les cérémonies rituelles jouent un rôle prédominant dans de nombreuses sociétés traditionnelles. Les rites de passage ou d'initiation marquent les grands moments de la vie : naissance, adolescence, mariage et mort. Les rites d'affliction ou de désolation surviennent en temps de crise, à l'occasion d'une maladie ou d'une catastrophe. Les rites se déroulent généralement en trois étapes : la séparation d'avec le passé, la phase de transition, puis l'entrée dans un nouvel état de la vie. Dans certains pays d'Afrique, par exemple, les adolescents sont souvent isolés de la communauté (donc symboliquement de leur enfance) afin de suivre un enseignement et parfois de subir des épreuves qui leur permettront ensuite de réintégrer la communauté en tant qu'adultes à part entière. Selon les sociétés, les rituels sont accomplis par des devins, des sorciers, des chamanes ou des guérisseurs.

**DANSE DES FUNÉRAILLES**
Les cérémonies funéraires sont très importantes dans la plupart des ethnies africaines. Chez les Dogons, au Mali, les funérailles s'accompagnent de grandes danses masquées et de chants en langage secret. Ce rituel retrace le mythe de l'apparition de la mort sur terre (due à la désobéissance de jeunes hommes). Les masques Awa permettent aussi de maintenir la tradition des autres mythes populaires dogons. Les danseurs portent des pagnes rouges, couleur symbolique de la mort.

**L'ESPRIT DE L'ÉLÉPHANT**
Pour de nombreuses ethnies africaines, les masques permettent de personnifier les esprits invoqués lors des différentes cérémonies. Certains masques sont des effigies humaines, d'autres représentent des animaux. Ils ne cherchent pas à reproduire fidèlement la réalité mais à exprimer des valeurs culturelles et symboliques que les chefs spirituels savent interpréter pour les autres membres de la communauté. Pour les Ibos du Nigeria, le masque ci-contre incarne l'esprit de l'éléphant, également symbole de laideur et de violence.

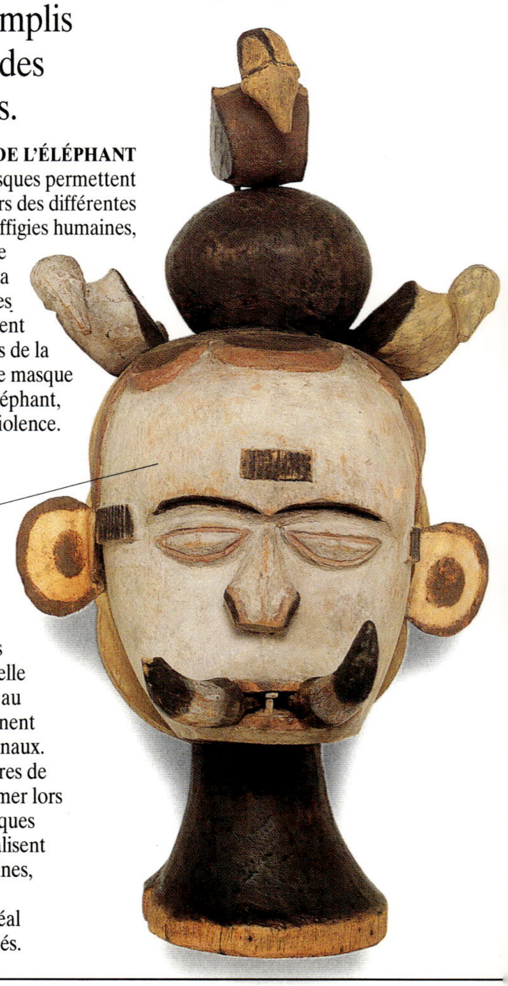

*Ce masque est destiné à être posé sur le sommet de la tête.*

**MASQUE RITUEL**
Chez les Mendés d'Afrique occidentale au Liberia, les jeunes filles d'âge pubère sont admises au sein des Sandés, société secrète des femmes de leur ethnie. Sous la tutelle de leurs aînées, elles se préparent au mariage, à la maternité et apprennent divers travaux ménagers et artisanaux. Durant leur initiation, les membres de la communauté peuvent s'exprimer lors d'une danse collective. Les masques portés à cette occasion matérialisent les émotions et les qualités féminines, mais aussi le pouvoir des femmes. Symboliquement, ils incarnent aussi l'idéal de la beauté féminine selon les critères mendés.

*« Entre la religion*
*et le reste de la vie,*
*il n'y a pas de distinction.*
*Toute la vie est religieuse. »*
Adage africain

**MASQUE RITUEL INITIATIQUE**
Les masques sont parfois à l'effigie d'illustres ancêtres. Ce masque d'initiation provient du royaume de Kouba, fondé au XVIIe siècle au Zaïre. Il représente le fils du premier roi divin. Les masques jouent un grand rôle dans les cérémonies rituelles. Certains personnifient des esprits. Les chefs les portent afin de faire respecter la discipline.

**ESPRITS ET GUÉRISON**
Dans les sociétés dites « primitives », toutes les forces, bénéfiques ou néfastes, qui interviennent dans la vie des hommes viennent des esprits. C'est ainsi qu'il existe un esprit de la technologie, telle que l'automobile, et un esprit pour chaque maladie. La figurine ci-dessus personnifie l'esprit de la variole, que les Yorubas invoquent pour obtenir protection ou guérison.

*Les masques rituels sont très souvent ornés de cauris, coquillages symbolisant la fécondité.*

**INVOQUER LES ESPRITS**
Pour les Indiens d'Amérique du Nord et chez certains peuples d'Asie, les chamanes sont les personnes qui peuvent entrer en contact avec le monde des esprits. Ce masque de chamane, originaire d'Alaska, était porté lors de différentes fêtes et pour les rituels de guérison et de divination.

*Disque solaire entouré de quatre visages, chacun encadré par deux mains ouvertes*

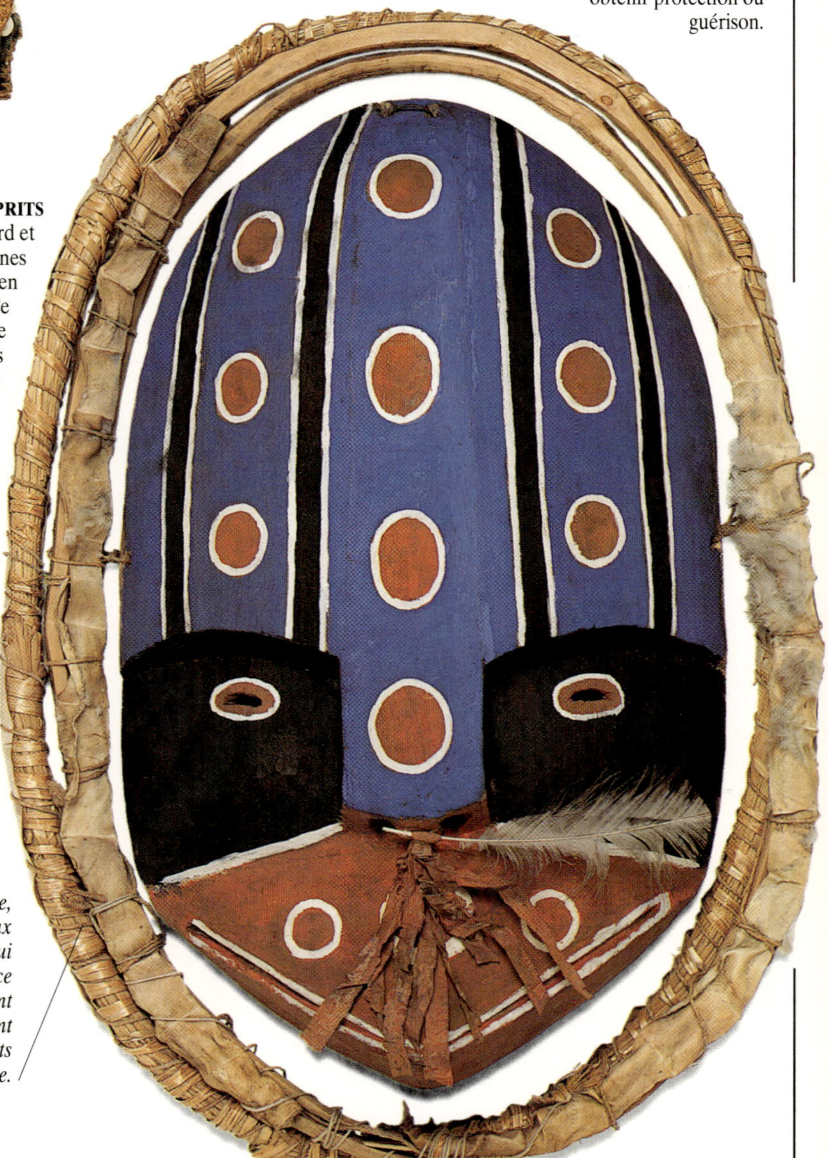

*A l'origine, les cerceaux de bois qui encadrent ce masque étaient entièrement recouverts de fourrure.*

**LA FÊTE DE L'HIVER**
Lors de la cérémonie de l'hiver, les Bella Coola (au nord du Canada) exécutaient des danses enseignées par les esprits du ciel. A cette occasion, les danseurs portaient des masques personnifiant les esprits et, par une gestuelle très théâtrale, ils faisaient revivre les mythes fondamentaux des croyances de leur peuple. Ce masque de forme sphérique représente l'esprit du soleil.

**LA SYLLABE SACRÉE**
OM ou AUM est le son primordial par excellence. En Inde, on dit le OM ou on le chante au début et à la fin de toutes les prières.

# ÊTRE HINDOU : UN MODE D'EXISTENCE

Être un hindou, c'est naître hindou. Le mot hindou dérive du vieux mot persan *hind*, l'Inde, et l'hindouisme se réfère à la religion des différents peuples de l'Inde. Celle-la n'a ni fondateur ni croyance et a évolué au cours des âges. On peut la comparer à une grande et profonde rivière dans laquelle se sont jetés plusieurs cours d'eau, depuis plus de trois mille ans. Ces cours d'eau représentent les croyances et les pratiques de nombreux groupes ethniques, ainsi que les diverses cultures indiennes. Les hindous sont monothéistes et croient qu'un principe divin unique sous-tend l'univers : ils l'appellent Brahma ou l'Absolu, le créateur de l'univers. Celui-ci présente aussi deux autres aspects : Vishnou et Shiva. Il y a donc une trinité sacrée ou *Trimurti* composée de Brahma, créateur de l'univers, de Vishnou, son protecteur, et de Shiva, son destructeur mais aussi son régénérateur. Les hindous croient à la réincarnation, selon laquelle l'âme individuelle s'incarne plusieurs fois au cours de son périple sur terre, chaque fois dans un corps ou « enveloppe » différent. Lorsque quelqu'un s'est montré bon dans une existence, il obtient une meilleure naissance et de meilleures conditions d'existence dans sa nouvelle vie.

**VISHNOU, LE PROTECTEUR DE L'UNIVERS**
La face tranquille de Vishnou révèle sa complétude : il contient en lui-même, dans un parfait équilibre, le bien et le mal et toutes les forces opposées. Sa tâche essentielle, en tant que protecteur, consiste à maintenir l'ordre divin de l'univers et l'équilibre entre les forces du bien et du mal. Quand le mal menace de triompher, Vishnou descend sur terre pour rétablir l'ordre, sous forme d'une de ses incarnations ou « avatars ». Nous en connaissons dix dont les deux plus connues sont Krishna et Rama. On désigne souvent Vishnou sous l'expression « l'Océan infini de l'Univers ».

*Brahma possède quatre têtes ; cette sculpture n'en montre que trois.*

**BRAHMA, LE CRÉATEUR**
Sa tâche essentielle, c'est la création de l'univers. A l'inverse de Vishnou et Shiva, il ne contient pas en lui-même de forces opposées et ne détruit donc jamais ce qu'il a créé. Selon une tradition, il serait sorti de « l'œuf de l'univers ». Il n'avait qu'une seule tête à l'origine mais il en a acquis trois autres quand il a créé la femme. En effet, après l'avoir façonnée à l'aide d'une partie de son propre corps, il en est tombé amoureux mais, comme elle se cachait de lui, il a développé trois nouvelles têtes, à droite, à gauche et derrière lui, de façon à ne pas la quitter du regard.

*Ces visages plus petits représentent deux des quatre* Veda *(les textes sacrés les plus anciens).*

## HINDOUISME

**DIEUX HINDOUS**
Brahma, Vishnou, Shiva, Sarasvati, Kali, Krishna et bien d'autres

**CROYANCES**
Réincarnation

**TEXTES SACRÉS HINDOUS**
Les *Veda*, les Upanishads, les Puranas et la *Bhagavad-Gîta*

**JOURS SACRÉS DANS LE CALENDRIER HINDOU**
Deepavali : fête des Lumières de la nouvelle année
Holi : fête du printemps
Shiva ratri : nuit de la fête de Shiva

**ANIMAL SACRÉ**
La vache est le symbole de la fécondité.

*« L'hindouisme est davantage un mode de vie qu'une série de croyances. »*
S. Radhakrishnan
ancien président de l'Inde

*Le cercle de flammes qui entoure Shiva symbolise l'univers.*

*Dans la chevelure ondoyante du dieu, on peut voir des fleurs, des serpents, un crâne ainsi qu'une minuscule figurine de la déesse Ganga (le fleuve sacré du Gange).*

*Shiva frappe sur son tambour pour faire surgir un nouveau monde.*

*Le troisième œil de Shiva (vertical sur son front) est la source de lumière qui illumine le monde.*

*La flamme est le symbole du feu par lequel Shiva détruit l'univers.*

*Une de ses mains pointe vers son pied gauche, indiquant ainsi à son dévot où il peut trouver un refuge sûr.*

**SHIVA, LE SEIGNEUR DE LA DANSE COSMIQUE**
Shiva est à la fois le destructeur et le recréateur de l'univers. On le représente sous de multiples formes. Ici, il est Nataraja, seigneur de la danse cosmique et, en tant que tel, il mène un cycle de vie à son terme avant d'en engendrer un nouveau. Cette statue illustre une légende selon laquelle Shiva aurait réduit en son pouvoir 10 000 hérétiques (ou non-croyants) en dansant sur le démon de l'ignorance.

*Son pied gauche est en effet symbole de libération.*

*Apasmarapurusa, nain à la peau sombre, est le démon de l'ignorance. Il est écrasé par le pied de Shiva.*

*Shiva danse dans un anneau de flammes.*

*Shiva est adoré par deux sages : à sa droite se trouve Patanjali dont le corps se termine par une queue de serpent; à sa gauche se tient Vyahrapad.*

*Vyahrapad a les pattes d'un tigre.*

*Des fleurs, symboles de pureté et de renaissance, décorent généralement les statues des temples.*

# DIEUX ET HÉROS HINDOUS

Les textes sacrés hindous rapportent les aventures de nombreux dieux et héros. Les *Veda* mentionnent Agni, dieu du Feu et des Rituels ; Indra, dieu de la Guerre céleste ; et Varuna, dieu d'un ordre cosmique. Les deux grandes épopées hindoues, le *Ramayana* et le *Mahabharata*, développent leurs récits autour de Rama et de Krishna, les plus populaires des dix avatars de Vishnou. Dans le *Mahabharata* se trouve la *Bhagavad-Gîta* (*le Chant du Seigneur*). Ce poème est un dialogue entre le guerrier Arjuna et son conducteur de char, Krishna. Alors qu'ils s'apprêtent à affronter leurs cousins Kauravas, Krishna encourage Arjuna par un discours sur la nécessité et le sens de l'action. Les deux armées sont les Pandavas et les Kauravas – issus du clan des Kurus – et symbolisent les puissances du bien et du mal qui s'affrontent dans chaque individu.

**PRIÈRE DANS LE GANGE**
Le Gange est le fleuve sacré des hindous. Il est le symbole de la vie qui s'écoule à l'infini. La cité de Bénarès, construite sur ses rives, est un haut lieu de pèlerinage. On vient de toute l'Inde pour s'y baigner et se purifier. Le vœu de tout hindou est que ses cendres y soient jetées après sa mort.

Matsya, poisson et premier avatar de Vishnou, sauve l'humanité d'un grand déluge.

Narasimha, l'homme-lion, et quatrième avatar de Vishnou, détruit les démons.

Kalki, le dixième avatar, est encore à venir. Il est représenté par un cavalier et son cheval blanc.

*Le teint ordinaire de Krishna est bleu sombre.*

*La flûte est l'instrument de musique des bergers, parmi lesquels Krishna passa son enfance et ses jeunes années.*

*Krishna se tient debout sur la fleur de lotus, qui symbolise la pureté et la fertilité.*

**L'AVATAR KRISHNA**
Les histoires que l'on raconte au sujet de Krishna, huitième avatar de Vishnou, sont parmi les plus vivantes de la mythologie hindoue. On les trouve dans les derniers livres des Puranas de même que dans le *Mahabharata* où Krishna figure le cocher du guerrier Arjuna. Comme les démons menaçaient de détruire les dieux, Vishnou, à la demande de ceux-ci, décida de descendre sur terre (*avatara* signifie en sanskrit « descente ») pour rétablir le bien en danger. Il prit la forme de Krishna. En apprenant la nouvelle de la naissance de ce nouveau messie, le roi-démon, Kamsa, tenta de tuer le nouveau-né ; mais Krishna fut recueilli et adopté par une simple femme, Yashoda, et son époux berger, Vasudeva. D'innombrables histoires racontent les espiègleries de l'enfant Krishna, ses aventures d'adolescent et, plus tard, ses batailles contre les démons.

*Dans cette sculpture en ivoire merveilleusement ciselée, Durga tue le démon à tête de buffle, Mahisha.*

*La déesse Durga tient dans chacune de ses dix mains une arme particulière, emblème de son pouvoir divin.*

**LA DÉESSE DURGA**
Durga (également connue sous le nom de Kali et Parvati) est l'une des nombreuses formes assumées par Mahadevi Shakti, l'épouse de Shiva. C'est une guerrière qui se bat contre les démons qui représentent les passions humaines les plus viles. L'adoration (ou le culte) de la déesse Durga donne lieu à de nombreux festivals hindous qui sont parmi les plus renommés.

Cette miniature représente Rama et Sita assis l'un près de l'autre, tandis que Lakshmana, le frère dévoué de Rama, se tient debout derrière eux.

*Hanuman, le singe divin et le loyal allié de Rama, se tient à ses pieds en signe de dévotion.*

**L'AVATAR RAMA**
Rama, septième avatar de Vishnou, incarne le Bien descendu sur terre. Avec son épouse Sita, ils représentent le couple idéal : Rama est le modèle du mari dévoué et Sita celui de l'épouse chaste et fidèle. Rama est aussi vertueux et respecté, doué de pouvoirs divins. A la suite d'une intrigue de palais, Rama, destiné au trône, est exilé dans la forêt dans l'île de Sri Lanka pendant quatorze ans. Son frère Lakshmana et Sita l'accompagnent dans son exil. Lorsque Sita est ravie par le démon Ravana, Rama va le combattre et triomphe avec l'aide de l'armée des singes et d'Hanuman, singe-fils du dieu Vayu. Le *Ramayana* raconte leurs aventures et se termine par le couronnement du couple royal.

*« Je suis le commencement,*
*le milieu et la fin de tout ce qui existe.*
*Parmi toutes les connaissances,*
*je suis la connaissance de l'absolu. »*
Krishna - La Bhagavad-Gîta X, 32

*L'auréole qui entoure sa tête indique sa divinité.*

*La couronne est l'emblème de son état royal.*

*Ganesha tient dans sa main gauche le nœud qui détruit l'illusion.*

*Le sceptre décoré que Ganesha tient dans sa main droite supérieure représente la maîtrise de soi.*

*Ses grandes oreilles flottantes marquent la limite entre le monde de la réalité et celui de l'illusion.*

*Ganesha écrit de sa main droite à l'aide d'une de ses défenses coupée. On dit que c'est ainsi, sous la dictée du sage Vyasa, qu'il transcrivit l'épopée du* Mahabharata.

*Les* modaka *sont de petits gâteaux sucrés.*

**GANESHA**
Il est le fils aîné du dieu Shiva et de sa belle épouse Parvati. On raconte que Shiva, rentrant après une longue absence dans son divin séjour, et, apercevant un étranger devant sa porte, lui coupa promptement la tête. Parvati parut alors et découvrit qu'il s'agissait de leur fils. Désespéré et souhaitant à tout prix rendre la vie à son enfant, Shiva coupa la tête du premier éléphant venu et la plaça sur les épaules de son fils. C'est depuis lors, dit-on, que Ganesha a une tête d'éléphant. Il est le dieu de la Sagesse et celui qui triomphe de tous les obstacles. Dans leurs prières, les hindous lui demandent de consigner leurs requêtes afin de les présenter à Shiva.

*Son ventre rebondi représente l'espace, assez vaste, dit-on, pour contenir en lui toute sagesse et toute vie.*

# LES TROIS VOIES HINDOUES VERS LA LIBÉRATION

**UN SAINT HOMME**
Un *sadhou* est un saint homme itinérant qui ne possède rien à part les vêtements qu'il porte et ce qui est nécessaire.

Le but de chaque hindou est d'atteindre *moksha* – la libération du cycle des renaissances. En allégeant peu à peu la charge de son *karma*, ou résidu laissé par ses actions passées, il s'achemine vers sa libération finale. Il existe, d'après la tradition hindoue, trois moyens d'atteindre sa libération : la voie de l'action qui consiste à observer des rites et des devoirs religieux stricts dans l'espoir de se concilier les bénédictions divines ; la connaissance, dans laquelle le chercheur essaie de trouver, grâce à la logique et à la méditation, le sens ultime de l'existence – c'est la voie des *sadhous* – ; et la dévotion, la plus répandue, où le dévot essaie de réaliser l'union avec le divin à travers l'adoration d'une déité particulière. Les hindous font partie, par leur naissance, soit d'une des quatre castes soit d'aucune, ce sont alors des « hors-castes » ou intouchables, la classe sociale la plus basse. Les devoirs religieux varient selon chaque caste.

**LE MARIAGE**
Même les plus pauvres des familles hindoues n'hésitent pas à dépenser de larges sommes pour la cérémonie du mariage de leurs enfants. Les mariages sont généralement « arrangés » par les familles des jeunes gens selon leurs castes, leurs liens de parenté et leurs horoscopes.

*Un pinacle a la forme d'une montagne et symbolise des espoirs et des ambitions d'un ordre supérieur.*

*On considère les temples comme la demeure terrestre des dieux.*

**« MANDIR »**
Un temple hindou s'appelle un *mandir*. Le bâtiment lui-même représente le *Prakriti* (ou la nature de l'univers) et la déité qui y réside est le *Purusha* (ou être divin). En pénétrant dans le *mandir*, les hindous enlèvent leurs sandales car il est non seulement un lieu de prières mais un objet de culte en lui-même. Chacune de ses parties est sainte et sacrée.

*Au cœur du sanctuaire – dans le saint des saints – le fidèle a le* darshan *(la vision) de la déité.*

*Les ouvertures ornementales du temple représentent les oreilles du corps divin.*

A Sri Lanka, ce masque de bois de *naga rassa* (démon-serpent) est porté dans une danse pour éloigner les esprits malins.

**LE CULTE DES SERPENTS**
En Inde, on croit que les *nagas* (serpents sacrés) ont des pouvoirs protecteurs. Ils sont les gardiens de la pureté d'un lieu et, dans la campagne indienne, de petits autels leur sont consacrés. Chaque soir, à la tombée du jour, une lampe y est allumée et des offrandes de fleurs et de nourriture sont disposées à proximité. Le dieu Vishnou est souvent représenté, allongé sur Shesha, le serpent aux sept têtes qui le protège des forces maléfiques.

Un porte-encens

## INCARNATION

De nombreuses religions croient que Dieu ou les dieux s'incarnent généralement sous une forme humaine pour venir en aide aux hommes. Dans l'hindouisme, le dieu Vishnou est descendu sur terre sous différentes formes, ou avatars. Pour le christianisme, Dieu s'est incarné en la personne de Jésus-Christ.

*La fleur de lotus, symbole de pureté, de fertilité et de création, est liée à Vishnou.*

*Kemal* (ou porte-encens en forme de lotus) utilisé dans le *pooja* (rituel) domestique

**L'ENCENS**

Ce sont de minces baguettes composées de bois et de résine qui, lorsqu'on les brûle, exhalent un parfum odorant. L'usage de l'encens est une pratique très ancienne et très répandue dans les rituels divins. Il est synonyme d'offrande, de purification et de célébration.

*Statue du dieu Vishnou*

*Krishna et Balarama*

**LA PRIÈRE**

Les hindous offrent un *pooja* quotidien dans les temples et chez eux. De nombreuses familles ont une pièce réservée au culte ; certaines ont juste une image de leur déité d'élection, devant laquelle elles font brûler de l'encens et se réunissent à certaines heures pour leurs prières. Celui-ci est un petit autel dédié à Vishnou qui montre le dieu sous la protection du serpent Shesha. En bas de l'autel, on reconnaît Krishna et son frère Balarama. Le *pooja* est le rituel d'adoration d'une divinité. Dans les temples, on baigne la divinité dans un bassin ou dans la rivière proche, on la pare de guirlandes de fleurs fraîches, on applique de la pâte de santal sur son front, on brûle du camphre devant elle, on lui offre des fleurs et on se prosterne devant elle en signe de soumission.

*« Donne-moi ton mental*
*Et donne-moi ton cœur*
*Donne-moi tes offrandes*
*Et ton adoration. »*
Krishna, la Bhagavad-Gîta, IX-34

*Le guerrier Arjuna*

*Krishna, dans son rôle de conducteur du char d'Arjuna*

**CHAR ET CONDUCTEUR DE CHAR**

Dans la *Bhagavad-Gîta*, traduit généralement en français par *le Chant du Seigneur*, un dialogue a lieu sur le champ de bataille entre le dieu Krishna et l'archer Arjuna. Cette bataille est la guerre qui oppose les forces du bien et du mal, action et inaction, connaissance et ignorance, croyance et incroyance. Krishna incite Arjuna à se battre et lui promet d'être son cocher, c'est-à-dire son guide. Vivekananda, un sage qui a vécu au début du siècle, grand réformateur de la religion hindoue, interprète ainsi cette image du char : « *Le corps lui-même est le chariot ; les cinq sens en sont les chevaux ; l'esprit, les rênes et l'intellect, le cocher. C'est ainsi que l'homme traverse l'océan de l'illusion* (maya). *S'il va au-delà, il atteint le divin… Quand un homme est le jouet de ses sens, il appartient au monde ; mais quand il a réussi à les contrôler, on dit qu'il a renoncé au monde.* »

## LE BOUDDHISME

Siddhârtha Gautama, le fondateur du bouddhisme, vit au VI$^{e}$ siècle av. J.-C. dans le nord de l'Inde. Destiné à être roi, il est marié à une princesse qui lui donne un fils. Durant toute sa jeunesse, son père s'efforce de le préserver de la tristesse et de la dureté du monde extérieur. Une nuit, Gautama parvient néanmoins à se glisser hors du palais princier, et c'est alors qu'il fait « Quatre Rencontres » décisives. Il croise tout d'abord un vieillard, puis un malade grabataire et un cadavre que l'on emporte vers le lieu de la crémation. Enfin il rencontre un religieux mendiant au crâne rasé, portant un simple habit jaune, mais qui rayonne de paix et de joie. Gautama fait ensuite sa « Grande Renonciation ». Il quitte définitivement sa famille et sa vie de luxe afin de trouver une réponse aux souffrances dont il est le témoin. Pendant six ans, il cherche en vain, jusqu'au jour où il médite sous l'arbre *bodhi* (« éveil »). Là, il a une révélation – l'illumination – et devient le *Bouddha*, c'est-à-dire « l'illuminé » ou encore « l'éveillé ».

**LA VOIE AUX HUIT ÉTAPES**
La roue à huit rayons est le symbole du Noble Chemin Octuple qui est un résumé de l'enseignement du Bouddha sur la manière d'échapper à la souffrance et d'accéder à l'illumination. Les huit étapes à suivre sont : la pensée juste, la compréhension juste, la parole juste, l'action juste, les moyens d'existence justes, l'effort juste, la concentration juste et la contemplation juste.

*Les yeux baissés indiquent que le bouddha est en train de méditer ; son visage est calme et serein.*

**LA RENONCIATION**
La décision de Gautama de quitter la cour princière est connue sous le nom de « Grande Renonciation ». Il mène, six années durant, une vie d'ascète pour tenter de se libérer des vicissitudes de l'existence. N'ayant plus que la peau sur les os et ne parvenant toujours pas à son but, il décide alors de s'isoler pour méditer sous l'arbre *bodhi*, en bordure de la Neranjara, un affluent du Gange.

*La main droite pointée vers le bas, prenant la terre à témoin de son illumination*

**LA POSITION DU LOTUS**
Le Bouddha est souvent représenté en train de méditer, les jambes repliées dans la position dite « du lotus ». Par la méditation, les bouddhistes essaient de vider leur esprit de toute pensée perturbatrice afin d'atteindre la paix et de comprendre la véritable nature des choses.

*L'auréole, une des marques du bouddhisme*

**L'ILLUMINATION**
Tandis qu'il médite sous l'arbre *bodhi*, Gautama apprend les quatre « Nobles Vérités » : toute vie est souffrance, causée par le désir ; la fin du désir signifie la fin de la souffrance ; le désir peut être supprimé en suivant la Voie aux huit étapes appelée aussi Voie du Milieu car, en la suivant, on échappe à une vie consacrée au plaisir ou à un trop grand sacrifice de soi-même.

**BOUDDHISME**

**UN SEUL DIEU ?**
Non, mais de nombreux êtres spirituels

**LA VIE APRÈS LA MORT ?**
Réincarnation – nous renaissons sans fin dans de nouveaux corps, à moins d'être parvenus au *nirvâna*.

**FONDATEUR ?**
Siddhârtha Gautama, le Bouddha (« l'éveillé ») qui vécut en Inde, entre 560 et 480 av. J.-C.

**ÉCRITURES ?**
Les enseignements du Bouddha

**PRÊTRES ?**
Aucun

*« Cultivez l'Illumination dans un pur esprit de méditation… Vous éviterez ainsi la douleur de ce monde. »*
Le Bouddha Gautama

**STATUES DU BOUDDHA**
Ce moine bouddhiste est agenouillé devant une gigantesque statue du Bouddha. Au fur et à mesure que le bouddhisme s'est répandu, allant de l'Inde du Nord vers le reste de l'Asie, le Bouddha a été vénéré comme un dieu et les statues à son effigie se sont multipliées.

*Le seigneur de la Mort tenant la roue, symbole de la vie éphémère*

*Les images du cercle extérieur illustrent le* karma, *conception de la vie humaine comme maillon d'une chaîne de vies.*

*Les images du cercle intérieur dépeignent les six royaumes (ou étapes) de la vie.*

*Le porc, le coq et le serpent représentent l'ignorance, le désir et l'orgueil, poisons responsables de la souffrance.*

*Le royaume des Humains : rempli d'égoïsme, d'ignorance et de désir, mais qui comporte aussi la Voie de l'Illumination.*

*Le Royaume des Bêtes, où prédominent l'ignorance, l'indifférence et l'instinct.*

*Les habitants de l'Enfer, où règnent la haine et la colère ; un Bouddha y prêche la patience et l'espoir.*

*Le royaume des Dieux, fiers et heureux*

*Le royaume des Esprits affamés : rongés par la convoitise, ils souffrent en permanence de la faim et de la soif.*

*Le royaume des Titans, où l'on combat sans fin poussé par l'envie.*

*Le Bouddha figure dans chaque royaume afin d'aider ceux qui s'y trouvent.*

La Roue de la Vie, ou Cercle Éternel

**LA ROUE DE LA LOI**
Selon l'enseignement du Bouddha, les hommes sont appelés à renaître, après leur mort, dans l'un des six royaumes de l'existence. Ce royaume dépend de la conduite qu'ils ont eue dans leur vie antérieure. C'est ce qu'on appelle le *karma* : la loi d'après laquelle les actions sont récompensées ou punies comme elles le méritent, la loi de cause à effet de la vie morale. Le *karma* décide donc si votre prochaine vie sera meilleure ou pire que votre vie actuelle. La quête de Gautama était d'échapper à ce cycle des renaissances successives afin d'atteindre un état de béatitude absolue connu sous le nom de *nirvâna*.

*Moines bouddhistes devant le temple de Wat Po, en Thaïlande*

## DÉVOTION ET MÉDITATION

Au fur et à mesure de son expansion, le bouddhisme s'est scindé en deux branches. Celles-ci sont souvent appelées « Véhicules », car la loi bouddhique – ou *dharma* – est comparée à un radeau ou à un bateau qui transporte les hommes à travers un océan de souffrances vers le *nirvâna*, un « au-delà » de salut et de béatitude. Le *theravâda* (la voie des Anciens), ou Petit Véhicule, est surtout présent en Asie du Sud-Est (Sri Lanka et Thaïlande). Il insiste sur la méditation que doivent pratiquer les moines et professe que l'homme est seul dans l'univers. Pour atteindre le *nirvâna*, il ne doit compter que sur ses efforts personnels. Le *mahâyâna* ou Grand Véhicule prédomine au Tibet, en Chine, en Corée, au Vietnam, au Laos et au Japon. Les bouddhistes du *mahâyâna* considèrent que les hommes doivent s'entraider. Ils cherchent aussi l'appui du Bouddha ou des bouddhas ultérieurs, ainsi que des bodhisattva (presque-bouddha qui, par compassion, ont renoncé au *nirvâna* pour aider les êtres vivants à atteindre l'éveil suprême). Le salut est à la portée de tous à travers la foi et la dévotion.

**LIEUX DE CULTE**

Après sa mort, à l'âge de 80 ans, le Bouddha est incinéré et ses cendres réparties entre huit personnes. Elles constituent les reliques originelles qui furent déposées et vénérées dans des stûpa (grands monuments funéraires). Dans certaines régions d'Asie, les stûpa sont appelées pagodes. Plus tard, des temples sont érigés pour que les fidèles puissent pratiquer leur culte en présence de statues du Bouddha et de bodhisattva.

*Le bodhisattva Avalokiteshvara, « Le seigneur qui regarde en bas »*

**LIEUX DE MÉDITATION**

Autour, et au sein même des deux principaux véhicules, le bouddhisme a donné naissance à de multiples écoles. L'une d'elles, le *zen* – qui tire son origine de la méditation chinoise – est très largement répandue au Japon. Elle privilégie l'enseignement du maître à l'élève. Les nombreux jardins zen que l'on trouve partout dans ce pays sont des lieux propres à la concentration et à la méditation. La méditation zen obéit à des règles strictes : il convient de s'asseoir dans le calme (*zazen*) et de se concentrer sur des énigmes sans réponse pour se libérer l'esprit).

**L'OBJET DE TOUTE DÉVOTION**

A l'origine, le Bouddha est un homme illustre et très honoré qui consacre sa vie à accomplir son propre salut et à instruire les autres. Dans le bouddhisme mahâyâna, le Bouddha a fini par être vénéré comme un être surnaturel. Sa statue trône dans les temples, souvent en compagnie d'autres bouddhas et de bodhisattva, sages qui ont atteint l'illumination mais qui se sont arrêtés au seuil du *nirvâna* afin d'aider les autres à trouver le salut.

*Le Bouddha Dipankara, « Dispensateur de lumière »*

*Le Bouddha Amoghasidhi, l'un des cinq « bouddhas en méditation »*

Sept autres bodhisattva

Pièce de tissu portée autour des hanches

Pièce de tissu portée sur l'épaule

Pièce de tissu portée sur le buste à l'occasion de cérémonies ou pour voyager

Ceinture

Fil et aiguille

Pierre à aiguiser

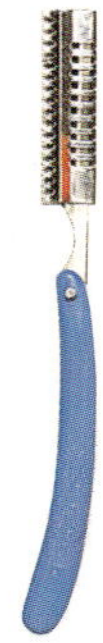

Rasoir

Passoire

**ACCESSOIRES D'UN MOINE THAÏLANDAIS**
Les moines bouddhistes ne possèdent pratiquement rien et vivent très simplement. Au cours de leurs dévotions quotidiennes, ils s'engagent – tout comme les simples fidèles – à respecter les cinq préceptes garants de la conduite morale : ne pas tuer, ne pas voler, ne pas céder aux convoitises de la chair, se garder du mensonge et s'abstenir de faire usage de stupéfiants.

Bol pour l'aumône

Couvercle du bol d'aumône utilisé comme assiette

*« Le Bouddha est mon refuge*
*Le* dharma *est mon refuge*
*Le* sangha *est mon refuge »*
Bouddha Gautama

## RÉINCARNATION

Croyance selon laquelle l'homme est appelé à avoir différentes vies sur terre. Après la mort, l'homme passe un certain temps dans un état désincarné avant de renaître sous une autre forme corporelle. Cette forme dépend de sa conduite antérieure (c'est la loi du *karma*). Cette croyance présente des variantes suivant la religion bouddhiste ou hindoue. Les bouddhistes préfèrent le terme de re-naissance à celui de réincarnation.

**MOINE EN MÉDITATION**
Après son illumination, le Bouddha forma une communauté de moines. Depuis lors, cette communauté – appelée *sangha* – est au centre du bouddhisme. De nos jours encore, chez les bouddhistes thaïlandais, la plupart des jeunes hommes entrent au monastère, ne serait-ce que pour un mois. La méditation est très importante. Grâce à elle, les bouddhistes essaient de calmer l'esprit et son flot incessant de pensées, d'idées et de désirs pour faire place à la sérénité intérieure. C'est dans cet état de tranquillité, dit-on, que le moine prend conscience de sa condition fondamentale et accède avec le temps à l'illumination.

*Mains en position de méditation*

*Natte de méditation*

*Jambes croisées en position du demi-lotus*

AU-DELÀ DES FRONTIÈRES TIBÉTAINES
Le bouddhisme tibétain a connu depuis peu un essor grandissant à travers le monde. Tibétains et bouddhistes de différentes traditions, tels ces moines en procession, sont heureux de partager leur expérience et leur sagesse.

## LE BOUDDHISME TIBÉTAIN

Le bouddhisme est introduit au Tibet au VIIIe siècle. À cette époque, le bouddhisme indien a adopté des rituels et des pratiques magiques qui provenaient d'anciennes religions populaires et qui avaient pour but d'aider les gens à parvenir au *nirvâna*. Cette branche du bouddhisme s'appuie sur des textes sacrés et secrets issus de l'hindouisme, du bouddhisme et du jaïnisme appelés *tantra*, d'où son nom de tantrisme. Elle inclut l'utilisation de diagrammes mystiques et de figures circulaires appelées *mandala* et la récitation de *mantra*, formules que les disciples répètent. La religion qui en résulta fut un mélange de tantrisme et d'enseignements du *mahâyâna*. Au Tibet, elle a continué à se développer sous la tutelle de chefs spirituels, ou *lama*. Ils appartiennent à différents groupes ou écoles. Celles-ci sont installées dans de nombreux et puissants monastères. Leurs idées et leurs pratiques diffèrent, mais elles cohabitent en harmonie. Le *lama* guide l'esprit d'un mourant pendant le laps de temps qui s'écoule entre la mort et la re-naissance. Il passe de nombreuses années à s'instruire et à méditer pour accéder à la sagesse suprême.

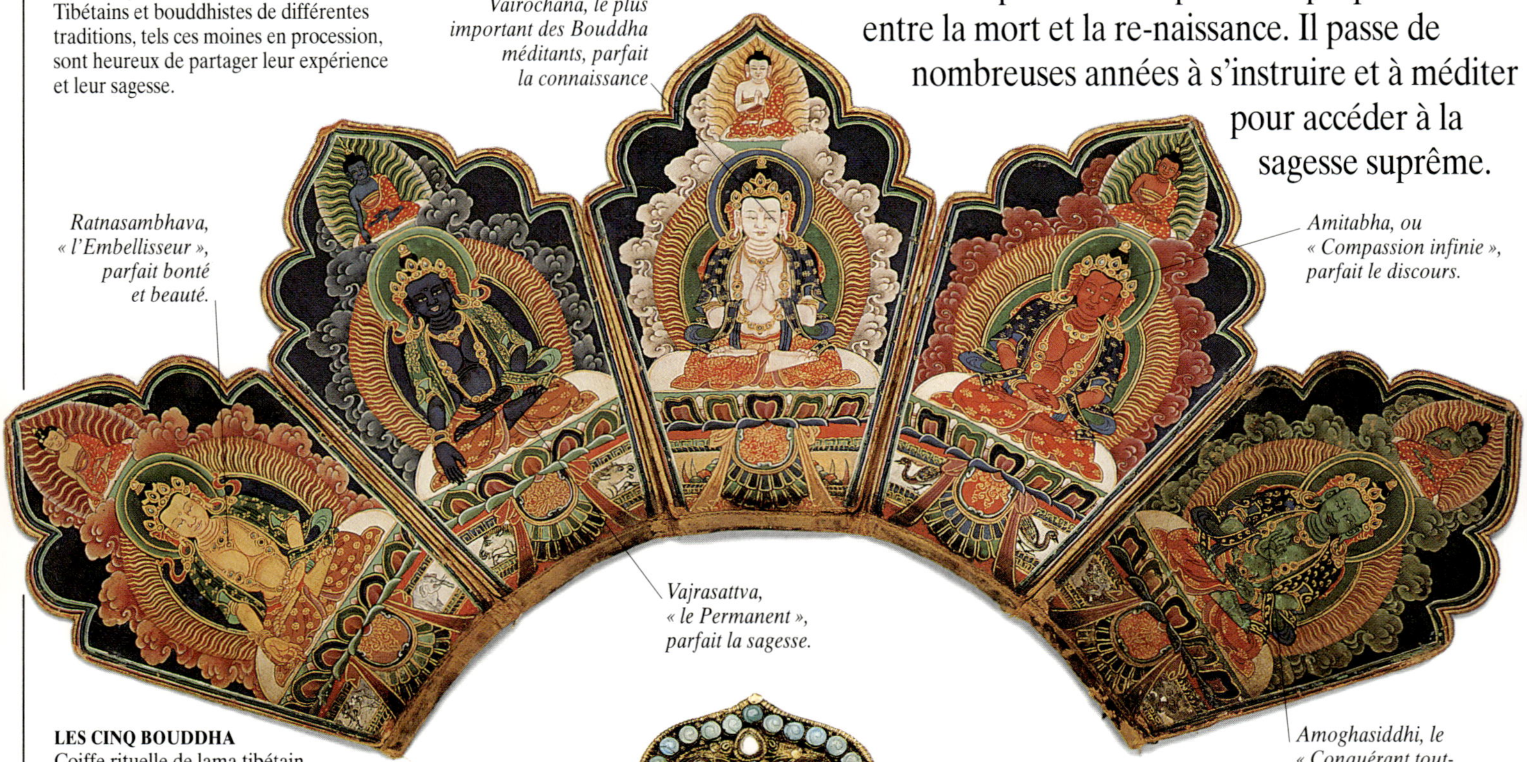

*Vairochana, le plus important des Bouddha méditants, parfait la connaissance*

*Ratnasambhava, « l'Embellisseur », parfait bonté et beauté.*

*Amitabha, ou « Compassion infinie », parfait le discours.*

*Vajrasattva, « le Permanent », parfait la sagesse.*

*Amoghasiddhi, le « Conquérant tout-puissant », parfait l'action.*

LES CINQ BOUDDHA
Coiffe rituelle de lama tibétain représentant les « Bouddha en méditation ». D'après le *Livre des morts tibétain*, ces Bouddha demeurent dans les paradis célestes. Chacun personnifie un aspect de l'« Etre Divin », l'ultime réalité ou la sagesse. Lorsqu'ils rencontrent l'esprit d'un mort, le degré d'illumination de cet esprit détermine la forme de sa renaissance.

*Le démon est représenté tirant la langue, avec des yeux étincelants de fureur et des défenses protubérantes.*

PROTECTION RITUELLE
Dans la mythologie indienne, le dieu Shiva crée un démon qui sera la force suprême capable de détruire l'univers. Ce démon au faciès grotesque – ou « Face de gloire » – figure souvent dans les temples de Shiva, en tant que fétiche protecteur. Cette amulette rituelle est une variante tibétaine du symbole indien. On la porte pour se protéger et pour terrifier les démons.

**LA VÉNÉRATION DES RELIQUES**
Peu de temps après la mort du Bouddha, les disciples commencent à rassembler les restes des corps et les objets ayant appartenu à de saintes personnes afin de les vénérer comme reliques (objets sacrés). Ces trois médaillons à l'effigie du Bouddha ont été modelés à partir des cendres d'un *lama*. Après l'incinération d'un *lama*, ses cendres sont recueillies, mélangées avec de l'argile puis façonnées et placées dans des coffrets ou dans des châsses.

*Les bodhisattva ont des corps gracieux. Ils portent de longues robes, sont parés de bijoux et tiennent des objets religieux.*

*Les mains tiennent les objets qui illustrent les vérités bouddhiques.*

*Cet Avalokiteshvara se tient debout sur une fleur de lotus reposant sur un jet d'eau tourbillonnant.*

*Cette statue en bronze doré date du XVIII^e siècle.*

**LA COMPASSION DU BODHISATTVA**
Selon la légende, Avalokiteshvara – le bodhisattva de la Compassion – avait fait vœu de sauver tous les êtres doués de conscience. Mais, dépassé par sa tâche, sa tête s'est brisée en mille morceaux. De nouveau réunis, ces morceaux formèrent alors onze têtes regardant dans toutes les directions. Grâce à elles et à ses mille bras, il n'existe pas d'endroit inaccessible à son amour et à sa pitié. En Chine, ce bodhisattva a pour nom Kuan Yin et au Japon Kwannon, déesse de l'Amour et de la Pitié. Au Tibet, il s'est réincarné en la personne du dalaï-lama, qui est en exil à l'heure actuelle mais qui demeure le personnage tibétain le plus important, aussi bien dans le domaine spirituel que politique.

**JEUNES LAMA**
Le bouddhisme a une très forte influence spirituelle et morale sur les Tibétains, bien qu'elle ait diminué depuis le début de l'occupation par la Chine communiste, en 1950. Les monastères ont été détruits mais beaucoup de gens pratiquent encore leur culte et un fort mouvement de solidarité anime les réfugiés. Ici, de jeunes lama soufflent dans des cornes ; cela fait partie du rituel monastique.

**MOULIN À PRIÈRE**
Il renferme un *mantra*, c'est-à-dire une prière ou un chant que l'on répète à plusieurs reprises. Chaque tour de roue correspond à une prière et augmente le mérite du récitant. Le *mantra* ci-contre se traduit généralement par « *Salut au diamant dans le lotus* ». Il s'adresse à Avalokiteshvara.

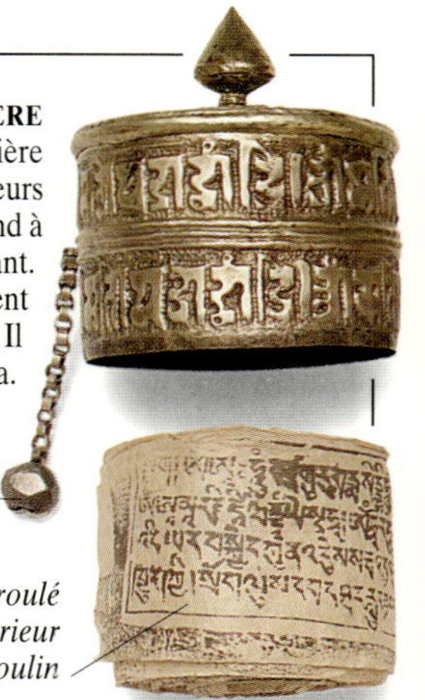

*Chaîne actionnant le moulin*

Mantra *roulé à l'intérieur du moulin*

*Quand on actionne la roue, le moulin se met en mouvement.*

*« Lorsque la respiration a cessé… l'initié connaîtra la claire lumière de la condition naturelle. »*
Livre des morts tibétain, 1.1

**CONFUCIUS**
Confucius ou Kong fou-tseu (552-479 av. J.-C.) est le premier grand philosophe chinois. Son nom signifie « maître Kong ». La légende raconte qu'à sa naissance, on lui aurait prédit qu'il serait un « roi sans couronne ». Ses enseignements ont été recueillis par ses disciples dans *Chunqui* (*Les Printemps et les Automnes*).

# LE CONFUCIANISME

Le confucianisme est plus une façon de vivre, un code moral, qu'une religion. Suivant les préceptes de leur maître Confucius, les confucéens sont par ailleurs libres de croire ou non en un dieu. Confucius insiste surtout sur l'importance du « *yi* », qui signifie conduite juste ou ordonnée. Il enseigne à ses disciples comment devenir des « hommes de bien ». Un « homme de bien » doit toujours se montrer courtois, loyal et respectueux envers ses supérieurs, et bon avec les gens de modeste condition. Il doit également pratiquer la « piété filiale », c'est-à-dire respecter et prendre soin de ses parents. Dans cette logique, Confucius voulait rétablir l'ancien culte de vénération des ancêtres. Il souhaitait faire régner l'ordre et l'harmonie dans la société en demandant à chacun d'accomplir son devoir, tout en précisant bien qu'il est absurde de vénérer Dieu et d'honorer ses ancêtres si l'on ne se met pas avant tout au service de son prochain.

**LES TROIS VOIES**
La Chine est le pays des « Trois Voies » – confucianisme, taoïsme et bouddhisme – qui ont joué un rôle majeur dans la vie et la pensée chinoises pendant plus de deux mille ans. Le confucianisme met l'accent sur l'ordre et le respect, le taoïsme définit une compréhension mystique du monde et le bouddhisme offre la voie du salut par la compassion et la dévotion. Au cours de leur essor, ces trois doctrines ont fusionné tout en intégrant la vieille religion populaire chinoise qui est centrée sur la famille et le foyer. La peinture ci-dessus est une allégorie de cette fusion ; on y voit conjointement représentés les fondateurs des « Trois Voies » : Bouddha (à gauche), Confucius (au centre) et Lao-Tseu (à droite).

**CÉRÉMONIE EN L'HONNEUR DE CONFUCIUS**
Confucius n'essaya pas de fonder une religion mais d'enseigner un mode de vie basé sur des règles de bonne conduite sociale. Cependant, après sa mort, on construisit des temples en son honneur et le confucianisme devint la religion d'Etat en Chine.

Temple moderne de Confucius à Taipei (Taïwan)

Prêtres célébrant le jour de Confucius

*On suspendait cette cloche à un anneau pour qu'elle tinte mieux.*

*Grande cloche en bronze que l'on frappait comme un gong.*

**LA MUSIQUE DE L'ESPRIT**

Pour les Chinois, le son des cloches est une musique princière, symbole de l'harmonie universelle : elle apaise l'esprit et rend la pensée plus claire. On raconte qu'en écoutant des carillons rituels, Confucius pouvait se passer de tout confort matériel et vivre uniquement d'eau et de riz pendant trois mois.

*« Ce que tu ne veux pas qu'on te fasse, ne le fais pas à autrui. »*
Version confucéenne de la Règle d'or

*Les divinités tutélaires (protectrices) prennent souvent l'apparence d'animaux féroces afin de repousser les esprits malfaisants.*

*Statue polychrome présente sur les édifices et les tombeaux*

**FIGURINES PROTECTRICES**

Suivant l'ancienne coutume, on disposait des statues figurant les esprits chargés de repousser le mal auprès des tombes, en haut et au coin des toits des grands édifices chinois. Cette statue provient d'une tombe de la dynastie Tang, qui régna en Chine de 618 à 907.

*Les caractéristiques des ancêtres, ainsi que leur date de naissance et de décès sont inscrites sur des tablettes.*

**TABLETTES DES ANCÊTRES**

Selon la religion populaire chinoise, les ancêtres continuent à vivre sous forme d'esprits à qui l'on doit offrir des sacrifices. Ainsi, lorsqu'un parent est enterré, on emporte jusqu'à sa tombe une petite tablette en pierre, que l'on rapporte ensuite chez soi pour la placer sur un autel.

Cet homme honore ses ancêtres. Il a déposé des offrandes devant leurs tablettes afin d'obtenir leur estime et leur protection.

**OBJETS FUNÉRAIRES**

On plaçait divers objets dans les tombes, telle cette épicerie miniature, pour subvenir aux besoins du défunt dans l'au-delà. Les descendants se réunissaient une fois par an à l'entrée du tombeau pour y accomplir la cérémonie du culte des ancêtres.

## LE TAOÏSME

Les taoïstes croient en un principe d'ordre qui fait l'unité de l'univers. Ce principe a pour nom « tao », ce qui signifie le « véritable chemin qui mène au ciel ». Suivre le tao, c'est suivre la voie de la nature dans son entier. On l'appelle aussi parfois « la voie du cours d'eau » car l'eau peut être considérée comme l'image du tao à l'œuvre : elle est douce et souple, coule sans effort et se faufile dans les moindres recoins, mais c'est aussi l'élément le plus puissant, car elle nourrit toute forme de vie. Il existe un taoïsme religieux populaire et un taoïsme philosophique. Les adeptes du taoïsme philosophique sont plutôt mystiques et pacifiques. En apaisant leur moi intérieur et en contrôlant leurs sens et leurs désirs, ils parviennent à saisir le sens profond du tao et à vivre en unité et en harmonie avec lui. Le taoïsme populaire est différent. Il comprend de nombreuses divinités et êtres spirituels que les croyants cherchent à se concilier, ainsi que de redoutables démons dont il faut se protéger. Ses adeptes ont recours à la magie et à divers rituels pour pouvoir utiliser le « tö » (vertu ou pouvoir) dans l'espoir de devenir immortels.

**LE YIN ET LE YANG**
Ce symbole représente les deux moitiés du tao, opposées et complémentaires. Les taoïstes divisent la nature en yin – le côté sombre, féminin, passif et tendre – et en yang – le côté clair, masculin, actif et dur.

**LE FONDATEUR**
D'après la tradition taoïste, Lao-Tseu vécut en Chine centrale au VIe siècle av. J.-C., à la même époque que Confucius, qu'il aurait rencontré étant jeune. Lao-Tseu aurait occupé un poste d'historien astrologue à la cour sous la dynastie des Zhou. Plus tard, lassé de la décadence de la cour, il serait parti en voyage au Tibet. À la frontière, on aurait accepté de le laisser passer à condition qu'il laisse un recueil de ses enseignements. En trois jours, Lao-Tseu aurait rédigé le Tao-tö-king (ou *Daodejing*), le plus important des écrits taoïstes. Après avoir remis ces textes, il aurait disparu sur un buffle et vécu plus de deux cents ans.

*Lou Toung-pin résista à une série de tentations et reçut une épée magique avec laquelle il tua des dragons et combattit le mal.*

*Ho Hsien-kou vivait de poudre de nacre et de rayons de lune ; son emblème est le lotus.*

*Li Ti'eh-kuai avait l'habitude de rendre visite en esprit à Lao-Tseu dans les régions célestes. L'une de ses visites dura si longtemps qu'à son retour, il ne retrouva plus son corps et dut se réincarner en un mendiant boiteux.*

*Ts'ao Kuo-chiou, patron du théâtre, porte la coiffure et le costume officiels de la cour. Il tient dans une main son emblème : une paire de castagnettes.*

**LES HUIT IMMORTELS**
Les Huit Immortels sont des êtres légendaires qui ont atteint l'immortalité en observant le principe du tao. On raconte qu'ils ont vécu sur terre à différentes époques et chacun représente une condition sociale et humaine particulière : pauvreté, prospérité, aristocratie, gens du peuple, maturité, jeunesse, masculinité et féminité. Ils sont ici accompagnés de Si Wang Mu, un être fabuleux qui a le pouvoir de distribuer les fruits d'immortalité qui poussent à l'ouest, sur les pêchers du Genii, près du lac des Pierres précieuses.

**LA GRUE LÉGENDAIRE**
Traditionnellement, les Chinois ont toujours porté beaucoup d'intérêt à tout ce qui se rapporte à la mort, à l'immortalité et aux ancêtres. C'est pourquoi les funérailles et les rituels qui les entourent sont très importants. Une grue en papier est souvent en tête de la procession funéraire des prêtres (qui véhiculent ici leur abbé dans une chaise à porteur). La grue est un symbole d'immortalité. Lorsqu'on la brûle à l'issue de la cérémonie, l'âme du défunt s'envole sur son dos vers les cieux.

*« Tout être porte sur son dos l'obscurité*
*et serre dans ses bras la lumière :*
*Le souffle indifférencié constitue son harmonie. »*
Tao-tö-king, XLII

*Chang Kuo-lao, magicien capable de se rendre invisible*

*L'être magique Si Wang Mu – ici représenté en homme – apparaît plus fréquemment sous une forme féminine.*

*Han Hsiang-tzu est le patron des magiciens. Il a pour emblème une flûte.*

*Lan Ts'ai-ho, patron des fleuristes, portant son emblème : un panier de fleurs*

*Chung-li Ch'uan tient l'éventail avec lequel il ranime l'âme des morts.*

**DIEU DE LA LONGÉVITÉ**
Les Chinois considèrent qu'une longue vie est une bénédiction. C'est pourquoi Chou-lai, dieu de la Longévité est très populaire. Il est souvent représenté soit seul, soit en compagnie des Huit Immortels, et de diverses manières : gravures sur bois ou sur pierre, statuettes de bronze, porcelaines peintes ou broderies. On le reconnaît facilement à sa taille, son front proéminent et son crâne chauve.

**LE POUVOIR DU RITUEL**
Le taoïsme populaire s'appuie sur des pratiques religieuses quotidiennes. Quelle que soit la philosophie officielle, les Chinois croient en des dieux personnels ou en des esprits individualisés à qui ils demandent assistance. Ici, un prêtre brûle de l'encens lors d'une cérémonie publique où l'on peut accéder au pouvoir (tö) grâce à la magie et au rituel. La fonction des prêtres est de soulager les malades en chassant les mauvais esprits.

**LES PORTIQUES SACRÉS**
On accède aux temples shintô par des portiques appelés *torii.* Certains sites, tels les espaces sacrés entre des arbres ou des rochers, forment à eux seuls des sanctuaires naturels devant lesquels on a donc édifié des *torii.* Le grand *torii* rouge du célèbre temple Itsukushima de l'île de Miyajima se trouve dans les eaux de la mer Intérieure. Il offre l'une des plus belles vues du Japon.

# LE SHINTOÏSME

Le shintoïsme est la religion la plus ancienne du Japon. Shintô signifie « la Voie des dieux ». C'est une religion de la nature, fondée sur les *kami* – divinités ou esprits qui concentrent en eux les forces naturelles. Les mers, les montagnes, les animaux et les plantes sont ainsi des *kami*. Certains ancêtres peuvent également être déifiés. Il existerait quelque huit millions de *kami* vénérés à travers tout le Japon dans des sanctuaires nationaux, locaux ou familiaux. La nature elle-même est considérée comme divine. Elle inspire à la fois un sentiment de crainte et d'émerveillement. Les sanctuaires les plus importants sont liés à des sites naturels d'une grande beauté : sur des montagnes, au cœur des forêts ou au bord de la mer.

**DIVINITÉS SHINTÔ**
Les *kami* sont rarement vénérés sous forme de statues personnifiées, à l'exception de Nakatsu-hime, déesse du « Pays aux Huit Iles juste en dessous du paradis ». Dans certains cultes, on la considère comme l'incarnation du boddhisattva Avalokiteshvara appelé Kannon au Japon.

*Le dieu de la Force s'approche de la grotte pour faire sortir la déesse du Soleil.*

*Après avoir accroché un miroir et des bijoux sur l'arbre du paradis, les dieux jouent de la musique et dansent pour attirer l'attention d'Amaterasu.*

**AMATERASU, DÉESSE DU SOLEIL**
La déesse du Soleil, Amaterasu Omikami, est la divinité suprême du shintô. Le temple qui lui est consacré à Ise est le plus populaire du Japon. Selon le mythe, son frère Susanoo, le dieu de la Tempête, la rendit si furieuse qu'elle s'enferma dans une grotte, privant ainsi le monde de lumière et de chaleur. Pour la persuader de sortir, les autres dieux attisèrent sa curiosité en plaçant près de l'entrée un miroir et des bijoux. Puis ils se mirent à rire et à danser. Fort intriguée, Amaterasu risqua un œil au-dehors et tandis qu'elle contemplait, fascinée, sa propre image dans le miroir, les dieux la tirèrent à l'extérieur. Depuis lors, l'aube vient toujours après la nuit.

**LE MONT FUJI**
Depuis les temps les plus reculés, les montagnes sont considérées comme les lieux de résidence privilégiés des dieux. L'art shintô s'inspire souvent de ces montagnes sacrées – tel le Fuji-Yama – ainsi que des sanctuaires et des divers thèmes ayant trait au culte. Il reflète aussi la longue interaction entre le bouddhisme et le shintoïsme.

## LE SACRÉ

Ce qui est sacré est séparé, différent ; il s'agit de quelque chose « d'autre » situé bien au-delà du monde ordinaire. Des êtres ou des lieux peuvent être sacrés. Lorsque nous appréhendons le sacré, nous éprouvons un sentiment de crainte et d'émerveillement, de grâce, de paix ou encore de « plénitude ». La notion de « sacré » ou de « sainteté » se réfère également à la perfection morale et spirituelle.

### FÊTES RITUELLES

Les fêtes tiennent une place importante dans la pratique shintoïste. Ce sont des moments privilégiés où tous les fidèles d'un sanctuaire se réunissent. La fête de Gion, l'une des plus grandes manifestations shintô, est célébrée depuis le XVIe siècle. Les habitants de Kyoto défilent dans les rues en poussant de grands chars magnifiquement décorés. Ce jeune garçon rend hommage à son dieu local.

Jeune garçon participant à la fête de Gion

### SHINTOÏSME ET BOUDDHISME

Le shintô est plus une religion d'expérience qu'une doctrine (ensemble de croyances établies) ; c'est pourquoi il s'est facilement mêlé au bouddhisme lorsque celui-ci s'est introduit au Japon au VIe siècle. Les *kami* ont souvent été assimilés à des manifestations locales de bouddha et de boddhisattva, et des temples bouddhistes se sont installés à côté, voire à l'intérieur même des sanctuaires shintô. Aujourd'hui encore, les moines bouddhistes (photo ci-contre) prennent part aux grandes fêtes shintô.

### LES SEPT DIEUX

Les sept dieux de la Fortune ou de la Chance étaient à l'origine des divinités bouddhiques. Vénérés également dans le shintoïsme, ils sont un autre exemple de la fusion qui s'est opérée entre les deux religions. Daikoku est le dieu de la Richesse et le patron des fermiers. Il est souvent accompagné de son fils, Ebisu, dieu du Travail honnête. Daikoku est généralement représenté assis sur un sac de riz, une musette pleine de bijoux sur l'épaule, un disque solaire doré sur la poitrine et tenant un maillet avec lequel il exauce les vœux. Son serviteur est un rat qui dérobe parfois quelques grains de riz. Mais comme Daikoku est riche, il n'en prend pas ombrage et ne se départit jamais de sa bonne humeur. On dit aussi qu'il aime beaucoup les enfants.

*Maillet servant à exaucer les vœux*

Daikoku, l'un des sept dieux de la Fortune

Le rat, serviteur du dieu Daikoku

*Sac de riz*

*« Partout où "l'énergie" de l'univers atteint une intensité particulière en se révélant par la beauté, la puissance ou le miracle, alors l'ultime devient apparent : il y a un* kami. »

Fosco Maraini

# LE JAÏNISME OU LE RESPECT DE LA VIE

Le Jaïnisme est une religion indienne très ancienne qui prône l'ascétisme le plus rigoureux. Sa principale caractéristique est l'*ahimsa* : la non-violence et le respect de la vie sous toutes ses formes. Cette doctrine a influencé de nombreux non-jaïns, dont le Mahatma Gandhi. Ses adeptes – les jaïns ou jaina – croient que l'univers n'a ni début ni fin ; il n'y a pas de dieu créateur. L'univers passe par un nombre infini de cycles cosmiques. Chacun d'eux est divisé en périodes d'ascendance et de descendance pendant lesquelles la civilisation prospère, puis décline. Les *Tirthankaras*, ou « Passeurs », apparaissent à différentes époques. Les jaina en reconnaissent vingt-quatre. Ce sont des maîtres légendaires qui ont atteint la sagesse parfaite après avoir maîtrisé leurs passions et leurs désirs, et qui aident les fidèles à traverser la « rivière de la transmigration » (le voyage de l'âme d'une vie à une autre). Le dernier *Tirthankara* de l'ère actuelle fut Mahavira, fondateur du jaïnisme. Les *Tirthankaras* sont qualifiés de *jinas* « victorieux », épithète dont le jaïnisme tire son nom.

**LE DERNIER *TIRTHANKARA***
Vardhamana Mahavira fut le vingt-quatrième et dernier *Tirthankara*. Il naquit en Inde vers 540 av. J.-C. et fut élevé comme un prince. Mais, à 28 ans, il abandonna tout pour chercher à se libérer du cycle éternel de la naissance, de la mort et de la re-naissance. Il se fit alors mendiant et ascète (personne qui s'impose des privations et qui mène une vie très austère). Vers l'âge de 40 ans, il parvint à l'illumination et consacra sa vie à dispenser ses croyances et à organiser la communauté des fidèles.

*« La juste connaissance s'obtient*
*en suivant le principe du jaïnisme,*
*la juste foi s'obtient en y croyant,*
*la juste conduite s'obtient en l'appliquant. »*
Les « Trois Joyaux »

**LE DÉTACHEMENT TOTAL**
Le sanctuaire d'un temple jaïn est dominé par la statue du *Tirthankara* auquel ce temple est dédié. Elle est généralement flanquée de deux serviteurs et entourée des statues, plus petites, des vingt-trois autres *Tirthankaras*. Ici, le vingtième *Tirthankara*, détaché de toute passion, s'offre à la contemplation des jaina.

*Chaque* Tirthankara *a son emblème. Pour celui-ci, c'est une tortue.*

*Des diamants, symboles de la perfection, de l'invincible puissance spirituelle, ou des motifs en forme de poire figurent souvent sur les statuettes des* Tirthankaras. *Ce sont de bons augures.*

**PARSHVA**
Parshva, le vingt-troisième *Tirthankara*, était un illustre maître indien qui vécut dans les environs de Varanasi, vers 850 av. J.-C. Il est représenté ici en compagnie de ses deux serviteurs et d'autres *Tirthankaras*. On distingue, au-dessus de sa tête, le dais formé par Ananta « le sans-fin », le cobra à sept têtes qui le protège.

*Des pèlerins arrosent la statue colossale de Bahubali (Gommata-suara), datant du Xe siècle (d'une vingtaine de mètres de haut), avec de l'eau et du curcuma (safran des Indes).*

**FÊTES**
Les fêtes jouent un rôle important dans la vie des jaina. Elles sont parfois très solennelles, comme celle de Pajjusana qui clôt l'année jaïnique, ou bien joyeuses, comme Divali, la grande fête hindoue que l'on a adaptée en l'honneur de la libération et de l'illumination de Mahavira.

**DIVINITÉS**
Théoriquement, les jaina ne vénèrent aucun dieu ; ils contemplent les *Tirthankaras*. Cependant, dans la pratique, les simples adeptes honorent souvent des dieux hindous. De nombreux temples jaïns renferment des statues à l'effigie de divinités hindoues mineures, dont la plus populaire est Sarasvati, déesse de la Sagesse et des Arts.

**LA RENONCIATION**
Les moines jaïns sont des errants. Ils ne possèdent pratiquement rien à l'exception de leurs vêtements. La plupart du temps, ils se couvrent la bouche d'un tissu et balaient la route devant eux pour éviter d'avaler ou d'écraser des insectes.

*Sarasvati tient divers objets symboliques. Dans l'une de ses quatre mains, le chapelet témoigne de sa piété.*

*Les cinq personnages assis autour de Sarasvati sont des* Tirthankaras.

*En tant que déesse de la Sagesse et de l'Ecriture, elle tient un manuscrit en feuille de palme (en partie brisé).*

*Deux serviteurs éventent Sarasvati avec des chasse-mouches.*

*Les deux donateurs sont agenouillés devant la déesse.*

## LA NON-VIOLENCE

Le principe de non-violence ou *ahimsa* est de n'infliger aucun mal aux êtres humains. Pour les jaina, ce précepte s'étend à tout ce qui est vivant sur terre. La non-violence est un état d'esprit qui gouverne tous les aspects de la vie quotidienne. Elle bannit aussi bien toute pensée, toute parole agressive que tout acte de brutalité.

# LE SIKHISME

La communauté sikh est répartie dans de nombreux pays (Angleterre, Afrique orientale, Malaisie, côte ouest du Canada et États-Unis) mais la grande majorité vit en Inde. Guru Nanak, le fondateur du sikhisme, est né au Pendjab en 1469. Il enseigne une nouvelle doctrine du salut basée sur deux idées fondamentales : la vision d'un dieu unique et du salut par un médiateur (gourou). Pour les sikhs, Dieu est unique et personnel. Il est le créateur avec qui tous les individus doivent établir une profonde relation. Or, les hommes sont aveugles : ils gardent délibérément les yeux fermés à cette révélation divine. Ils ont donc besoin d'un gourou, c'est-à-dire un guide spirituel, pour les instruire. La présence du gourou est au cœur de la religion sikh ; le terme même de sikh vient du mot pali *sikkha* signifiant « disciple ». Neuf autres gourous ont succédé à Nanak. Le dernier d'entre eux a transféré son autorité à la communauté et au Livre Saint des Sikhs, l'*Adi Granth*.

**L'EMBLÈME SIKH**
Le *nishan sahib,* emblème du sikhisme, est composé d'un anneau en acier représentant l'unité de Dieu, d'un sabre à deux tranchants symbolisant l'intérêt que Dieu porte à la vérité et à la justice et, à l'extérieur, de deux épées courbes et croisées signifiant le pouvoir spirituel de Dieu. Un drapeau orné du *nishan sahib* flotte sur chaque *gurdwara* (lieu de culte sikh).

**LE TEMPLE D'OR**
Le Temple d'or d'Amritsar, construit au XVIe siècle sur le lac Immortalité, est le sanctuaire principal du sikhisme et son plus grand lieu de pèlerinage. A l'entrée, les fidèles reçoivent, en échange d'une obole, une part de *karah parshad* (nourriture sacrée qui symbolise l'égalité et la fraternité). Ensuite, ils s'asseyent pour écouter des hymnes tirés des écritures sacrées (*Adi Granth* et *Dasam Granth*). L'eau qui entoure le temple est considérée comme sacrée et les pèlerins viennent souvent s'y baigner.

*Étole de soie protégeant le livre sacré*

**LIEU DE CULTE**
*Gurdwara* signifie littéralement « la porte du gourou ». Chaque temple abrite les textes sacrés rassemblés sous le nom de *Granth*. Ils contiennent les enseignements et les poèmes spirituels écrits par les dix gourous. L'*Adi Granth* est l'autorité suprême des sikhs, qui le traitent avec la plus grande déférence. Le livre est recouvert d'un tissu de soie, posé sur un coussin et placé au cœur du temple, sous un baldaquin.

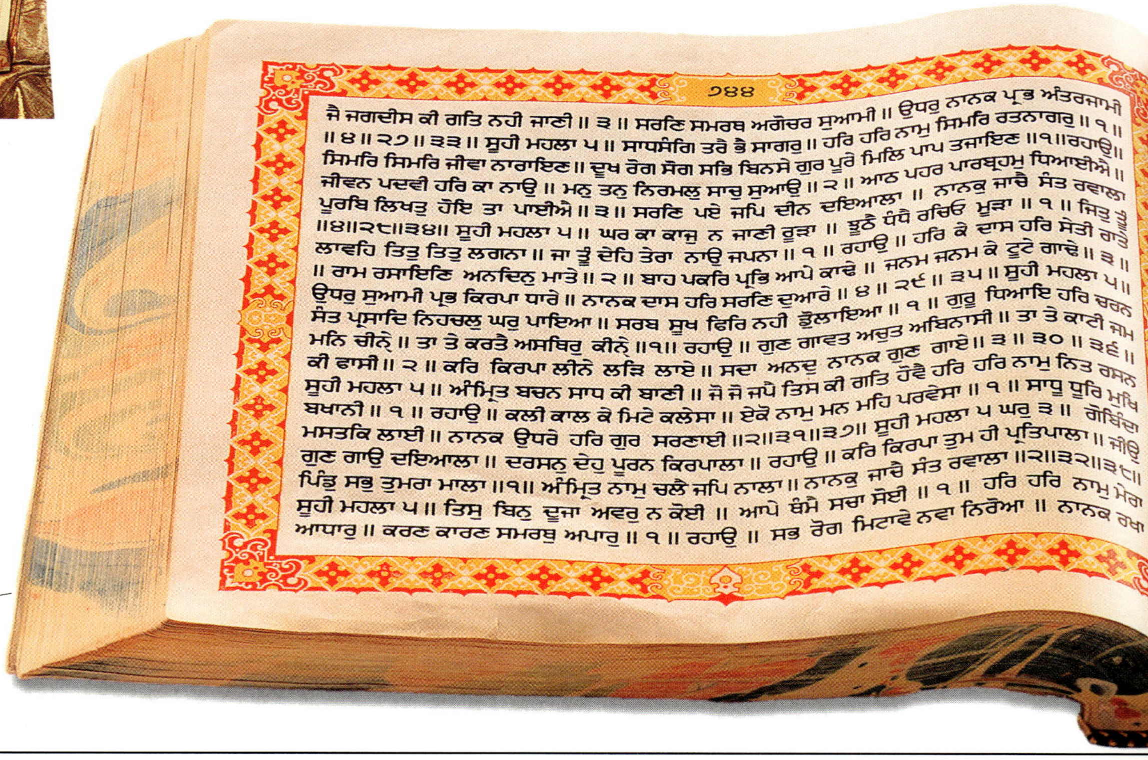

*Même lorsqu'on le lit, l'*Adi Granth *est toujours protégé par une étole de soie.*

*Guru Nanak, fondateur du sikhisme*

*Les neuf autres gourous (représentés avec des auréoles) sont assis à côté de Nanak.*

**LES DIX GOUROUS**
Le sikhisme est parfois nommé Gurmat, qui signifie « la doctrine du gourou ». Dieu, le gourou originel, transmit son message à son disciple élu, Nanak, premier des dix gourous. Par la suite, chacun d'eux choisit son successeur en fonction de son illumination spirituelle. Govind Singh (1666-1708) fut le dernier gourou. Avant sa mort, il décréta qu'il n'y aurait plus d'autres gourous et que seul le livre sacré pouvait incarner l'autorité divine.

*« Dieu est Un,*
*il est le Vrai Nom,*
*il est le Créateur. »*
Premiers mots
de l'*Adi Granth*

*Kara* (bracelet d'acier)

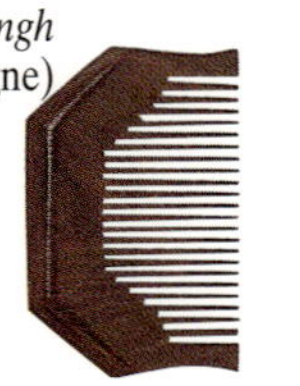

*Kangh* (peigne)

**LES CINQ K**
Les *khalsa* (communautés des « purs ») ont été fondées par Govind Singh, dernier des dix gourous, pour lutter contre les persécutions mogholes. Les jeunes sikhs y sont initiés à la puberté. Les cinq symboles de leur foi sont les « cinq K » : le sabre à double tranchant (*kirpan*), le peigne (*kangh*), le bracelet d'acier (*kara*), la barbe et les cheveux jamais coupés (*kes*) et le short (*kacch*).

*Kirpan* (sabre)

**SIGNE DE RESPECT**
Le *chauri*, ou chasse-mouches, symbolise l'autorité. On continue à l'agiter au-dessus du Livre sacré en signe de respect et en mémoire d'un ancien gourou du Pendjab, qui aurait lui-même été éventé avec un chasse-mouches. Le livre incarne désormais le gourou. Le *chauri* peut être fait avec des plumes de paon, des poils de yak ou de chèvre ou même, comme ici, en fibres synthétiques.

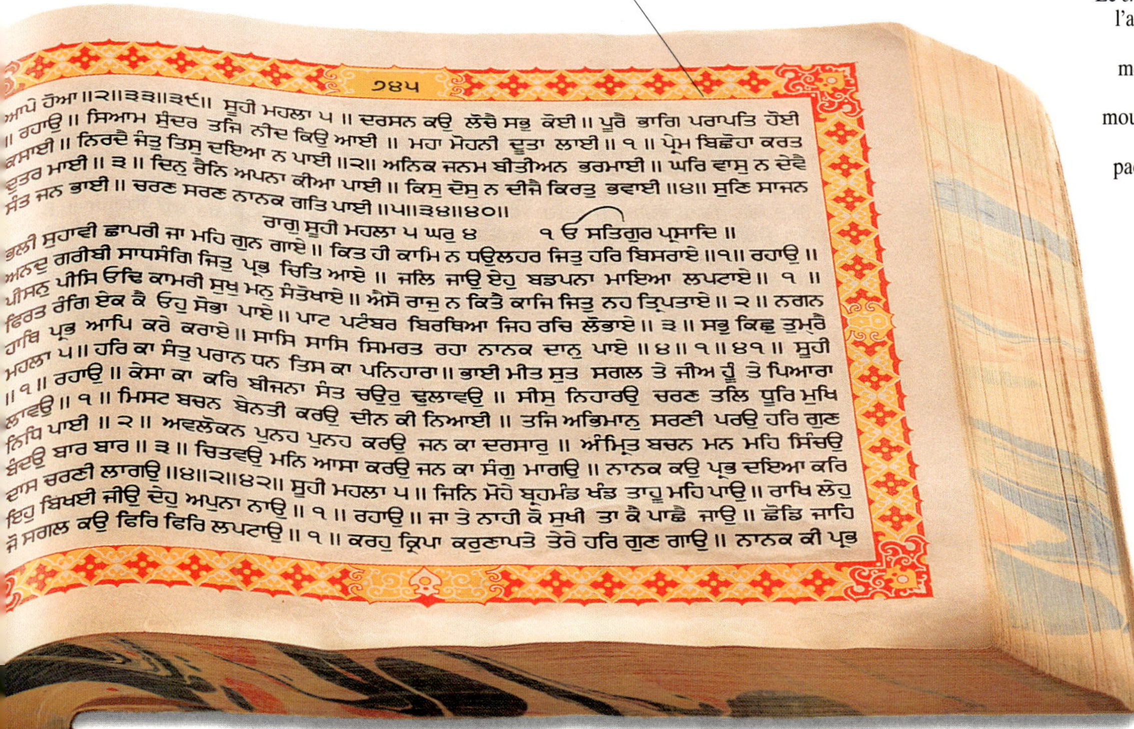

*Les textes sont rédigés en une langue mixte, mélange de pendjabi et d'hindi. Ils sont chantés sur des airs traditionnels indiens. La plupart sont des poèmes.*

**L'*ADI GRANTH***
L'*Adi Granth* est le recueil des enseignements de Nanak et de ses successeurs. Il commence par des vers attribués à Nanak que les sikhs récitent lors de la prière matinale. Viennent ensuite des hymnes et des poèmes attribués à divers gourous que l'on déclame toujours en chantant. L'idée du salut est au cœur des écritures. Le disciple sikh reçoit l'éveil grâce au gourou ; après avoir longuement médité sur la parole et le Nom divins, il finit par être en parfaite union avec la divine harmonie.

# LE MAZDÉISME OU LE ZOROASTRISME

Le mazdéisme compte environ 130 000 adeptes répartis essentiellement en Iran, en Inde, en Afrique orientale et dans la plupart des grandes villes du monde. Connus en Inde sous le nom de *parsis* (Persans), ils sont fidèles à la doctrine de Zarathoustra, que les Perses de l'Antiquité nommaient Zoroastre. Voilà pourquoi cette religion est aussi appelée zoroastrisme. Zoroastre demanda aux hommes de mener une « bonne vie » et de vénérer Ahura-Mazdâ, le « créateur suprême », « dieu de la Sagesse » qui est symbolisé par le feu. Il croyait en la bonté essentielle du monde tout en reconnaissant l'existence du mal. Ainsi, tout ce qui est bien et bon vient d'Ahura-Mazdâ, tandis que toute la misère et la souffrance du monde sont dues à Angra Mainyu, force du mal. Ces deux puissances se livrent un combat perpétuel. Les hommes, pour leur part, doivent s'efforcer de lutter pour le bien. Ceux qui choisissent d'observer le juste rituel et la loi morale prescrite par Ahura-Mazdâ se verront récompensés par la joie et le bonheur éternels. Ceux qui se rangent dans le camp du mal ne connaîtront que douleur et tristesse. Selon Zoroastre, le bien finira par triompher du mal.

**ESPRIT PROTECTEUR**

Pour les mazdéens, cet emblème est un *fravashi*, c'est-à-dire un esprit protecteur. Selon eux, chaque individu est placé sous l'égide d'un fravashi. Ces gardiens symbolisent le bien ou l'essence divine qui est en nous. Ils viennent en aide à ceux qui le leur demandent et luttent pour le bien universel. Ce disque ailé orné d'une queue d'oiseau représente aussi le « moi spirituel » d'Ahura-Mazdâ. On le retrouve très souvent dans le rituel zoroastrien.

**L'ÂGE DE LA RESPONSABILITÉ**

Entre sept et douze ans, avant l'âge de la puberté, les jeunes mazdéens passent le *naojote*, cérémonie d'initiation au cours de laquelle ils font profession de leur foi et s'engagent à respecter la morale de Zoroastre. A cette occasion, ils revêtent la *sudreh,* une veste blanche symbolisant la pureté et la rénovation, et reçoivent la *kushti* – ceinture sacrée qu'ils porteront toute leur vie. Les 72 fils dont elle est tissée symbolisent le lien qui les unit à la religion et à la communauté mazdéennes.

*Les mages portent un masque afin de ne pas contaminer les objets sacrés par leur souffle.*

**LIQUEUR D'IMMORTALITÉ**

Le rituel du feu sacré est omniprésent dans le zoroastrisme. Lors de la cérémonie du sacrifice – ou *Yasna* – le mage récite des prières en offrant au feu divin la *haoma,* une liqueur sacrée préparée à base de plantes. Cette libation confère l'immortalité aux fidèles.

**ACTION DE GRÂCES**

Le *jashan* est une action de grâces accomplie par plusieurs prêtres. Le mage qui officie est le *zaotar* et ses auxiliaires les *raspi*. Cette cérémonie est destinée à assurer le bien-être physique et spirituel des fidèles qui font des offrandes et demandent la bénédiction des esprits. Les sept « Bienfaiteurs immortels » (*Amesha Spentas*), adjoints d'Ahura-Mazdâ, ainsi que les âmes des défunts sont invités à prendre virtuellement part au *jashan*. Les Bienfaiteurs immortels sont les gardiens des sept créations divines (le ciel, les eaux, la terre, les plantes, le bétail, les humains et le feu), lesquelles sont symboliquement représentées par les différents objets utilisés pour la célébration.

**LE FONDATEUR**

Zoroastre, connu également sous le nom de Zarathoustra, aurait vécu en Perse (l'Iran actuel) vers l'an 1 000 av. J.-C. Il serait donc le premier prophète de tous les temps. On ne sait pas grand-chose de lui, si ce n'est qu'il fut aussi prêtre, qu'il se maria et eut de nombreux enfants. La religion qu'il fonda demeura pendant plus de mille ans la religion officielle de la Perse, qui était alors l'un des plus grands empires du monde.

**LE TEMPLE DU FEU**

A l'origine, les mazdéens pratiquaient leur culte en plein air. De nos jours, le rituel des prières se déroule dans un temple, en présence d'un feu qui ne doit jamais s'éteindre. Ce feu sacré est l'incarnation d'Ahura-Mazdâ. Ces temples, très dépouillés, sont dénués d'images et d'ornements. Seuls les pratiquants du mazdéisme y sont admis. Avant d'entrer dans le temple, les fidèles doivent se laver les mains et le visage, puis ils récitent la prière rituelle du *kushti*. Ensuite, ils ôtent leurs chaussures avant de se présenter devant le feu. Ils prennent alors une pincée de cendres sacrées qu'ils s'appliquent sur le front avant de continuer à prier en se concentrant sur la pure lumière d'Ahura-Mazdâ.

*« De bonnes pensées, de bonnes paroles, de bonnes actions. »*
Idéal zoroastrien

Afarganyu, *le vase du feu, où brûle en permanence du bois de santal symbolisant Dieu, source de lumière et de vie.*

*Lampe à huile traditionnelle, que l'on entretient en permanence*

*Cuiller plate que les* raspi *(prêtres auxiliaires) utilisent pour mettre le bois de santal et l'encens dans le feu.*

*Coupelle contenant du bois de santal et de l'encens*

## LA NATION JUIVE

Le peuple juif retrace ses origines lointaines en remontant à trois ancêtres appelés les « patriarches » : Abraham, son fils Isaac et son petit-fils Jacob. Dans leurs prières quotidiennes, les juifs se nomment « enfants d'Abraham ». Ils donnent à leur nation le nom d'Israël, car c'est ainsi que Dieu a lui-même surnommé Jacob. Leur histoire commence quand Abraham quitte son pays, l'Iraq actuel, vers 1800 avant notre ère, pour s'installer au pays de Canaan, la Terre promise, qu'on appelle maintenant la Palestine, ou Israël. Plus tard, les fils de Jacob vont en Égypte. Vers 1250 avant notre ère, leurs descendants, les Hébreux, sont conduits hors d'Égypte par Moïse : c'est l'Exode. C'est alors que le Dieu des Patriarches, Yahvé, apparaît à Moïse sur le mont Sinaï et fait alliance avec le peuple d'Israël. Cette Alliance s'exprime dans les Dix Commandements et dans la Torah, c'est-à-dire la Loi de Moïse. Cette Loi, donnée par Dieu, est au cœur de l'identité du peuple d'Israël. Yahvé est le Dieu d'Israël, son « peuple élu », et le créateur et maître de tout ce qui existe ; il est le Dieu qui contrôle l'histoire : Dieu tout-puissant et Dieu d'amour.

**LA TRAVERSÉE DE LA MER ROUGE**
La Bible raconte comment les douze fils de Jacob – qui allaient constituer les douze tribus d'Israël – devinrent esclaves en Egypte. Puis un jour, nous dit le livre de l'Exode, Dieu chargea Moïse de les libérer. Dieu dut envoyer dix plaies avant que Pharaon ne se décide à les laisser partir. Mais Pharaon changea d'avis et envoya son armée à leur poursuite, espérant les rattraper au bord de la mer Rouge. Yahvé fendit les flots et les Israélites purent traverser. Quand les Egyptiens se lancèrent à leur poursuite, la mer se referma sur eux. Cet événement est l'un de ceux que commémore la grande fête annuelle de la Pâque. De telles fêtes maintiennent vivante l'histoire du peuple juif, et ainsi les leçons qu'elle leur a enseignées sur Dieu ne sont pas oubliées.

*Ce mur est appelé traditionnellement mur des Lamentations car il est associé au souvenir de la destruction du Temple.*

*Des juifs viennent du monde entier pour prier devant le Mur.*

**LE MUR DES LAMENTATIONS**
Tout ce qui reste du second Temple, bâti à Jérusalem par le roi Hérode le Grand à partir de 20 av. J.-C., se résume à son mur occidental dit des Lamentations. Cette cité était alors la capitale du royaume judéen. Le Temple était le centre du culte, mais il fut détruit par les troupes du romain Titus en 70 apr. J.-C. Après quoi, les juifs furent dispersés et privés d'un Etat pendant près de mille neuf cents ans. Ce mur est devenu un symbole du Temple et un mémorial de sa destruction. Pour les juifs, c'est le lieu le plus saint de Jérusalem.

**UN PETIT GARÇON**
Quand Dieu fit alliance avec Abraham, il ordonna que tous les enfants mâles soient circoncis : ce serait le signe rappelant que Dieu avait choisi les fils d'Abraham. Aujourd'hui encore, tous les juifs sont circoncis le huitième jour après leur naissance. On voit ici un tissu décoré spécialement pour un petit garçon.

*On peut lire, en hébreu : « Qu'il vive pour la Torah, pour la Houppa et pour les bonnes actions. »*

*La Houppa, ou dais de mariage, dressée dans la synagogue, symbolise la chambre ou la tente où s'isolaient les jeunes mariés. Il est un des éléments indispensables pour la cérémonie, durant laquelle il abrite les deux futurs époux.*

*Rouleau de la Torah (de la Loi)*

*On lit ici la première partie de la prière liturgique appelée Shema (« Ecoute Israël »), composée de trois textes de la Torah.*

*La neuvième bougie sert à allumer les autres.*

*C'est à David, roi prophète de 1015 à 975 av. J.-C., deuxième roi d'Israël, « le bien aimé », que cette étoile doit son nom. Elle figure dans le drapeau israélien actuel.*

*Pendant la fête des Lumières, Hanoukka, célébrée fin décembre, on allume une bougie chaque jour pendant les huit jours de la fête.*

**LA MEZOUZA**
La mezouza est un petit rouleau de parchemin inséré dans un étui ou une petite boîte. On y inscrit le plus souvent le texte du Shema, qui appelle le peuple de Dieu à l'aimer « de tout son cœur, de toute son âme et de tout son pouvoir ». Les juifs croyants redisent ce texte matin et soir, car il résume parfaitement ce qui est au cœur de leur foi. Traditionnellement, les mezouzas sont fixées à l'extérieur de la porte des maisons juives sur le montant droit.

*« Ecoute Israël, l'Eternel est ton Dieu, il est l'Unique. Tu aimeras donc l'Eternel de tout ton cœur, de toute ton âme et de toutes tes forces. »*
Deutéronome VI, 4-9.
Premiers mots de la prière Shema.

**HANOUKKA, LA FÊTE DES LUMIÈRES**
Hanoukka est une fête qui a lieu vers le milieu de l'hiver et qui dure huit jours. Elle est marquée par l'allumage de bougies rituelles : on célèbre ainsi la nouvelle dédicace du temple de Jérusalem par Judas Maccabée en 164 avant notre ère, après qu'il l'a repris aux successeurs d'Alexandre le Grand. L'année religieuse juive comprend six fêtes principales qui rappellent aux juifs l'amour fidèle de Dieu pour son peuple et qui les aide à se consacrer à son service.

## JUDAÏSME

**UN SEUL DIEU ?**
Oui

**UNE VIE FUTURE ?**
Oui, mais le judaïsme s'intéresse surtout à la vie présente.

**FONDATEURS ?**
Abraham, père du peuple juif, vécut au Moyen-Orient vers 1800 avant notre ère.
Moïse, qui lui donna la Torah (la Loi), vécut au Moyen-Orient vers 1250 avant notre ère.

**ECRITURES ?**
La Bible, qui comprend la Torah (les cinq livres de Moïse).

**UN CODE ÉCRIT ?**
La Torah, qui donne des règles pour tous les aspects de la vie.

**ARCHE D'ALLIANCE**
L'Arche contient la Torah. Dans les synagogues, elle est placée, derrière un rideau, dans une niche pratiquée dans le mur qui fait face à Jérusalem. La première Arche d'alliance, celle de Moïse, contenait les tables de la Loi ; elle accompagnait le peuple d'Israël sorti d'Egypte, qui allait vers la Terre promise.

# LE PEUPLE DE LA TORAH

Au cœur de la religion juive, il y a la Torah, la « Loi », qui forme les cinq premiers livres de la Bible hébraïque. Le mot hébreu *torah* ne signifie pas seulement « loi » mais aussi « instruction », « orientation ». Dans la Torah, Dieu enseigne son peuple et lui apprend qui Il est, quelles sont Ses volontés, comment Il désire être obéi par lui dans tous les domaines de l'existence. Pour un juif religieux, obéir à la Torah c'est se laisser guider par Dieu. Sa lecture représente la partie principale du culte de la synagogue (l'assemblée). Le peuple répond aussi à Dieu en s'adressant à Lui dans la prière. Les juifs ont un rôle tout particulier dans les relations entre Dieu et l'humanité, puisque c'est à eux que fut révélée la Torah. Ils attendent le jour où Dieu enverra son Messie, « celui qui a reçu l'onction », pour annoncer l'instauration de la Loi, autrement dit du royaume de Dieu sur la terre.

Cérémonie de bar-mitsva

**MAJORITÉ RELIGIEUSE**
Quand un jeune juif atteint treize ans, il devient bar-mitsva, « fils des commandements ». Il est désormais considéré comme un adulte responsable et doit obéir aux commandements de la Loi. Pour les jeunes filles, l'âge de la majorité religieuse est douze ans.

*Deux mots hébreux qui signifient « couronne de la Torah ».*

*La couronne est un symbole de la Torah, car celle-ci est considérée comme le couronnement glorieux de l'existence juive.*

*Le lion est un symbole juif courant, associé à l'origine à la tribu de Juda (voir Genèse XL-9).*

**LA TORAH ET SON MANTEAU**
Dans la tradition occidentale, on protège les rouleaux de la Torah en les couvrant d'un manteau brodé. Dans la tradition orientale d'Afrique du Nord et du Moyen-Orient, ils sont gardés à l'abri dans un étui rigide.

*« Plus vous creusez profond dans la Torah, plus vous y découvrez de trésors. »*
Isaac Bashevis Singer.

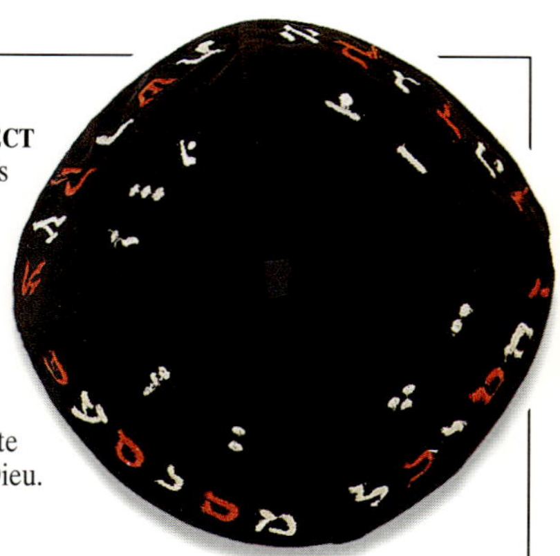

**SIGNE DE RESPECT**
Un juif religieux strict prie trois fois par jour, le matin, l'après-midi et le soir, soit à la synagogue soit chez lui. Quand il prie, il doit avoir la tête couverte d'un chapeau ou d'une calotte, connue sous le nom de kippa. Les juifs orthodoxes gardent généralement la tête couverte : c'est un signe qui manifeste leur respect pour Dieu.

**REVÊTIR LA TORAH**
Pendant qu'ils prient, les hommes portent, fixées au bras gauche et au front, deux petites boîtes en cuir contenant des passages de la Torah. Ces boîtes sont appelées phylactères ou *tephillin*.

Chofar *(corne de bélier) avec une inscription en hébreu*

**APPEL AU REPENTIR**
Le jour de Roch ha-Shanah (le nouvel an juif), on souffle dans le *chofar* pour appeler les juifs à la repentance, pour demander à Dieu de pardonner toutes les mauvaises actions commises au cours de l'année écoulée. Cela marque le début des « dix jours terribles » qui vont jusqu'au Yom Kippour, le grand-pardon, vingt-cinq heures de jeûne destinées au repentir. Ce jour est le plus saint de l'année juive.

**FILS DE LA TORAH**
Quand un jeune juif devient bar-mitsva, cela est célébré par sa famille et toute sa communauté. Ils vont à la synagogue et, au cours de l'office du shabbat, le jeune garçon exerce pour la première fois ses droits d'adulte : il revêt le *tallith* et lit tout haut un passage de la Loi et un passage des Prophètes. Le *tallith* est un châle bordé de franges que les hommes portent pour la prière du matin et le jour de Yom Kippour. Dans certaines synagogues, il existe une cérémonie équivalente pour les jeunes filles (bat-mitsva).

*Le rouleau de la Torah est trop sacré pour qu'on le touche. On le tient donc par ses poignées et on utilise un long instrument en forme de main au doigt pointé pour suivre la ligne que l'on lit.*

Yad, *instrument en forme de main*

**L'ENSEIGNEMENT DE DIEU**
La Torah comporte 613 commandements : 248 obligations et 365 interdits. C'est par eux que Dieu instruit Son peuple. Ils expriment Sa volonté et, pour les juifs religieux, ce sont de réelles obligations. Les juifs pensent aussi que Dieu guide les hommes par les lois physiques, morales et religieuses inscrites dans l'ordre de l'univers ; et aussi par les règles de pureté et de justice sociale par lesquelles Israël répond à Dieu. Elles aussi constituent la Torah.

Palme

Palme, branches de myrte et de saule tissées ensemble pour former *le* loulav

Loulab *(ou* loulav*), que l'on porte durant la procession de* Souccot, *la fête des cabanes.*

## LA FAMILLE ET LA COMMUNAUTÉ

Le centre de la vie religieuse juive est le foyer. On insiste beaucoup sur la famille et les relations familiales. L'année religieuse comporte de nombreuses fêtes qui donnent une structure et un rythme à la vie de la communauté. Nombre de ces fêtes religieuses sont en même temps des fêtes familiales. Elles contribuent à créer des liens entre les membres de la communauté. Elles permettent aussi à l'histoire des relations entre Israël et Dieu de faire toujours partie de l'existence quotidienne. La fête la plus importante est le shabbat hebdomadaire. C'est un jour de repos : les juifs n'accomplissent aucun travail et font mémoire de l'achèvement de la création (voir Genèse II, 2-3 ; Exode XX, 8-11). Le culte public a lieu à la synagogue, ou lieu d'« assemblée », qui est aussi le centre de la vie sociale. Le vendredi soir et le samedi matin, la communauté juive s'y rassemble pour célébrer le shabbat.

**COUPES DE BÉNÉDICTION**
Dans la plupart des foyers juifs, on trouve un gobelet pour le vin, que l'on nomme coupe du kidouch. Ce nom vient de la « bénédiction » (kidouch) du vin, prononcée durant le shabbat ou la célébration de la Pâque.

**POURIM**
Vers la moitié de l'année juive (en février ou en mars), on célèbre la fête de Pourim, fête des sorts. Elle est marquée par des réjouissances au cours desquelles on porte souvent masques et déguisements. Pourim signifie les « sorts » et évoque une histoire qui remonte au ve siècle avant notre ère. Un grand vizir de l'empire perse, nommé Aman, avait décidé de faire tuer tous les juifs, après avoir consulté les sorts (le Pour) pour en fixer le moment. Esther, femme juive du roi perse Assuérus, réussit à sauver son peuple du massacre grâce à la providence et à l'amour de son souverain. Le Livre d'Esther, lu durant la fête, en rappelle le souvenir.

*Rouleau de Pourim contenant le livre d'Esther*

*Etrog* ou cédrat, semblable à un gros citron

**LES BOUGIES DU SHABBAT**
Dans l'usage juif, la journée commence et finit au coucher du soleil. Le shabbat, qui est le samedi, commence donc le vendredi soir ; la maîtresse de maison allume les « bougies du shabbat » et demande à Dieu de bénir son travail et sa famille. La table du shabbat est préparée, avec le pain et le vin. Au début du repas, le mari fait la louange de son épouse et récite un passage des Ecritures sur la création et le shabbat. Il bénit ensuite le vin et le pain et les fait passer aux autres convives.

**SOUCCOT**
La fête de Souccot a lieu en septembre ou octobre, à la fin des moissons durant sept jours. Elle rappelle la façon dont Dieu a pris soin de Son peuple pour qu'il ne manque de rien dans le désert, après qu'il eut quitté l'Egypte. Pour la fête, on s'installe dans de petites cabanes ou des tentes qu'on recouvre de branchages et qu'on décore de fleurs et de fruits. Au cours d'une cérémonie, on porte en procession un *loulab* et un cédrat et on récite des prières.

Les tentes ou huttes de Souccot sont dressées dans les jardins, sur les terrasses, ou auprès des synagogues. Quand les conditions météorologiques sont favorables, on y mange et on y dort durant la semaine de la fête.

**LA PÂQUE**
La fête de Pâque, qui dure une semaine, est la plus connue de toutes les fêtes juives. Elle commémore les événements relatés dans le livre de l'Exode. En le lisant, on comprend aussi le sens du nom de Pâque (c'est-à-dire « passage ») : alors que Dieu envoyait à l'Egypte son ultime punition (la mort des premiers-nés) pour persuader Pharaon de libérer son peuple, l'ange de la mort est « passé » au-delà des Hébreux et les a épargnés. Durant le repas de Pâque, le plus jeune enfant de la famille demande en quoi cette nuit est différente de toutes les autres nuits. Le père raconte alors l'histoire de la délivrance d'Israël (l'Exode). Il raconte combien la vie était dure pour les juifs, esclaves des Egyptiens ; comment Moïse les a délivrés ; comment Dieu a donné à Moïse les Dix Commandements et a veillé sur Israël, dans le désert.

*La Haggadah (« histoire racontée ») est le rituel particulier de la célébration du repas pascal.*

*L'œuf symbolise le sacrifice.*

*L'os d'agneau évoque les agneaux du sacrifice de la première Pâque.*

*Pâte de noix et de fruits hachés*

*Les légumes représentent le printemps.*

*Les herbes amères représentent l'amertume de l'esclavage.*

*Tissu qui recouvre les pains sans levain (la* Matsah*) avant qu'ils soient consommés.*

*On lit ici en hébreu* Pessah*, c'est-à-dire Pâque.*

On appelle *Seder* le repas rituel des deux premiers jours de la fête célébrée dans les foyers juifs. Ces plats sont servis pour illustrer l'histoire de la première Pâque.

*L'eau salée rappelle les larmes que fait couler la condition d'esclave.*

*La* Matsah *(pains sans levain) rappelle la hâte avec laquelle les israélites ont dû quitter l'Egypte.*

**CONTEMPLATION**

Contempler, c'est penser à quelque chose ou fixer son regard sur quelque chose. Les gens religieux pratiquent une méditation et une prière silencieuses, en concentrant leur esprit sur Dieu ou sur quelque autre réalité qui transcende (dépasse) leur propre personne. Ils font ainsi l'expérience de leur union avec le divin.

**SIGNE DE LA CROIX**
Jésus est mis à mort en étant cloué sur une croix : il est crucifié. Plus tard, la croix devint le principal symbole du christianisme car, selon la foi chrétienne, le Christ a réellement apporté le salut par sa mort sur la croix et sa résurrection. Quand quelqu'un devient chrétien par le baptême, il est marqué du signe de la croix.

# LA FOI CHRÉTIENNE

Les chrétiens tiennent leur nom de la personne du Christ. Jésus est un juif qui vit au Ier siècle en Palestine, aujourd'hui Israël. Vers l'âge de 30 ans, il réunit un groupe de disciples et se met à prêcher, à enseigner, à guérir des malades dans tout le pays. Il affirme que les gens doivent se repentir (demander le pardon de leurs péchés), croire en lui et le suivre. Les disciples de Jésus voient en lui le Messie que les juifs attendent. Pour les chrétiens, Jésus est plus qu'un homme ; ils croient que Dieu, créateur et maître de l'univers, s'est incarné (s'est fait homme et est venu sur terre) en Jésus-Christ, pour apporter le pardon et le salut à l'humanité. Selon les chrétiens, cela était nécessaire car Dieu est bon et les hommes ne le sont pas – ce qui crée un fossé entre l'humanité et Dieu. Les chrétiens voient donc en Jésus le sauveur qui ramène les hommes à Dieu.

**JEAN LE BAPTISTE**
A l'époque de la naissance de Jésus, beaucoup de juifs attendent la venue d'un prophète qui serait le « précurseur » du Messie. Jean commence à enseigner avant Jésus, prêchant un baptême de repentir pour le pardon des péchés. Quand Jésus a trente ans, Jean le baptise dans les eaux du Jourdain, après quoi Jésus se met, lui aussi, à enseigner et à prêcher. Pour les chrétiens, Jean est venu préparer le chemin pour Jésus, et le baptême a toujours été le signe de l'entrée dans la communauté chrétienne.

*La couronne désigne Marie comme la reine du ciel.*

**LA SAINTE TRINITÉ**
Cette peinture sert à beaucoup de chrétiens, pour les aider à se représenter la foi en un Dieu trinité. Cela signifie qu'en Dieu il y a trois personnes – le Père, le Fils et l'Esprit saint – et pourtant, Dieu est Un. Dieu s'est fait homme en Son fils, Jésus, deuxième personne de la Trinité. Il continue à être présent parmi les hommes par le Saint-Esprit, troisième personne de la Trinité.

**VIERGE À L'ENFANT**
Dans certaines églises chrétiennes, on trouve des statues représentant Jésus dans les bras de sa mère. La dévotion pour Marie « mère de Dieu » s'est progressivement développée dans une grande partie de la chrétienté. On l'appelle la Sainte Vierge Marie, car les chrétiens croient que Dieu lui-même, et non un homme, est le père de Jésus. Beaucoup de chrétiens ont une grande vénération envers Marie et lui demandent de prier pour eux du haut des cieux.

## CHRISTIANISME

**UN SEUL DIEU ?**
Oui : un Dieu en trois personnes : Le Père, le Fils et le Saint-Esprit : la Trinité

**LA VIE FUTURE ?**
Un jugement final, suivi par le ciel ou l'enfer

**FONDATEUR ?**
Jésus-Christ, qui vécut en Palestine entre 6 avant notre ère et 30 de notre ère.

**ÉCRITURES ?**
La Bible, composée de l'Ancien Testament (Bible juive) et du Nouveau Testament.

**FÊTES PRINCIPALES ?**
Noël : naissance de Jésus
Pâques : sa mort et sa résurrection

**PRÊTRES ?**
La plupart des confessions chrétiennes ont des prêtres.

**L'HISTOIRE DE NOËL**
L'image la plus familière de la tradition chrétienne est l'histoire de la naissance du Christ (la Nativité), que les chrétiens célèbrent à Noël. Dans ce tableau, Jésus, Marie et son époux, Joseph, sont entourés par les animaux qui vivaient dans l'étable où ils ont trouvé refuge, par des bergers avec leurs moutons et par des anges. Ceux-ci chantent « Gloire à Dieu au plus haut des cieux et paix sur la terre aux hommes qu'Il aime » et se réjouissent de la naissance du « Prince de la paix ». Jésus naquit à Bethléem, en Judée (région sud d'Israël) et fut élevé à Nazareth, en Galilée (nord d'Israël). Ses parents, Marie et Joseph, n'étaient pas riches, mais ils descendaient du fameux roi d'Israël, David.

*« Je suis la lumière du monde ; celui qui me suit ne marchera point dans les ténèbres, mais aura la lumière de la vie. »*
Jésus, dans l'Evangile selon saint Jean, VIII, 12.

*Du haut du ciel, Dieu le père observe. Il tient en main le globe représentant le monde, et des anges l'adorent.*

*Les anges annoncent aux bergers surpris la naissance de l'enfant.*

Cette illustration, tirée d'un livre du XVe siècle, représente la naissance du Christ.

*L'enfant Jésus est né dans une étable parce qu'il n'y avait pas de place à l'auberge de Bethléem.*

*Marie et Joseph sont vêtus de bleu, couleur qui évoque le ciel et symbolise la divinité.*

*Dans cette peinture, Marie et Joseph sont vêtus comme on l'était au XVe siècle.*

# LE CHEMIN DE LA CROIX

Vers l'âge de 33 ans, Jésus est arrêté, torturé et crucifié par les autorités romaines qui gouvernent la Palestine. Pour les chrétiens, Jésus, en mourant, a « pris sur lui » tous les péchés des hommes (tout le mal qui est en nous et qui, selon la foi chrétienne, nous sépare de Dieu) ; de sorte que chacun peut être pardonné et vivre désormais en union avec Dieu. Trois jours plus tard, nous raconte la Bible, Jésus se relève d'entre les morts. Il apparaît à ses disciples et les instruit. Puis il « monta aux cieux » pour retourner auprès de son Père. Ainsi, pour la foi chrétienne, Jésus n'est pas un héros mort, mais le sauveur, vivant aujourd'hui, qui a vaincu la mort. Les chrétiens croient que Jésus vient en aide à ceux qui le suivent, et donne à tous la possibilité de participer à sa victoire sur le péché et sur la mort.

**LA COUPE DE LA DOULEUR**
Peu de temps avant de mourir, Jésus réunit ses disciples pour un repas d'adieu, la « dernière cène ». Il leur donne du pain et du vin, et leur dit qu'à l'avenir, ils devront boire cette coupe et manger ce pain qui représentent son sang répandu et son corps livré pour eux. Depuis lors, les chrétiens ont obéi à cette injonction de Jésus en célébrant ce qu'on appelle la communion, la messe, l'Eucharistie ou la cène du Seigneur.

*Marie pleure la mort de son fils, Jésus.*

**UNE MÈRE ÉPLORÉE**
Au commencement de l'Evangile (évangile signifie « bonne nouvelle »), Marie est interrogée pour savoir si elle accepte d'être la mère du Fils de Dieu, et elle dit oui. Les chrétiens y voient un grand acte de foi, et ils considèrent qu'elle est bénie de Dieu de manière unique. Les Evangiles ne parlent pas beaucoup de Marie, mais au moment de la mort de Jésus, elle était dans le petit nombre de ceux qui ne l'avaient pas abandonné. L'art chrétien la représente souvent. Les sculptures où Marie tient dans ses bras le corps de son fils mort sont appelées piéta.

**LA CRUCIFIXION DE JÉSUS**
Jésus est mis à mort, avec deux criminels, à l'extérieur de la ville de Jérusalem. Il porte lui-même la croix sur laquelle il va être cloué. La crucifixion est un mode d'exécution très douloureux mais banal à cette époque. Aujourd'hui, les chrétiens s'efforcent de vivre, d'aimer et d'accepter la souffrance avec patience, comme Jésus l'a fait, marchant à sa suite sur le « chemin de la croix ». Les représentations de la crucifixion occupent une place éminente dans l'art chrétien. Ce tableau place au pied de la croix des hommes et des femmes qui s'y trouvaient réellement, et des chrétiens des époques suivantes, pour montrer que les chrétiens de tous les temps cherchent leur salut dans la mort du Christ.

*Le pélican a été considéré comme un symbole du Christ, car on croyait qu'il nourrissait ses petits de son propre sang.*

*Sur la croix, un écriteau porte les paroles suivantes : « Jésus de Nazareth roi des juifs ».*

*Un des criminels se moquait de Jésus. L'autre criminel lui dit : « Souviens-toi de moi quand tu seras entré dans ton royaume. »*

*Jean, l'auteur du quatrième Evangile, a pour symbole l'aigle.*

**LE CRUCIFIX ET LA CROIX**

Les crucifix montrent Jésus pendu à la croix ; ils sont le symbole de sa mort et du salut qu'elle procure, selon la foi chrétienne. Les croix sont nues et rappellent ainsi mieux aux chrétiens la résurrection. Les quatre Evangiles, dont les auteurs sont représentés sur cette croix, sont les quatre livres du Nouveau Testament qui racontent la vie, la mort et la résurrection de Jésus. Ils ont été écrits, pense-t-on, par quatre chrétiens des premiers temps, nommés Matthieu, Marc, Luc et Jean.

*Luc, l'auteur du troisième Evangile, a pour symbole le bœuf.*

*Matthieu, l'auteur du premier évangile, a pour symbole un homme.*

*L'agneau était l'animal que l'on offrait le plus souvent en sacrifice. Le Christ est représenté comme* « l'agneau de Dieu, qui enlève le péché du monde » *(Jean I, 29), parce qu'il s'est offert lui-même en sacrifice.*

*Marc, l'auteur du deuxième Evangile, a pour symbole le lion.*

*« Si nous sommes morts avec Christ, nous croyons que nous vivons aussi avec lui. »*
Epître de saint Paul apôtre aux Romains, VI, 8

## ASCÉTISME

L'ascète renonce à nombre d'activités courantes et au confort physique pour mener une vie très simple, ordonnée et disciplinée. Une telle existence suppose aussi la pratique régulière de la prière et la contemplation. Les ascètes peuvent abandonner maison et travail pour suivre la voie qu'ils ont choisie.

**L'ASCENSION**

Après sa résurrection, Jésus apparaît à ses disciples, à Jérusalem et en Galilée, durant quarante jours. Il les instruit et leur commande d'annoncer à tout le monde la « bonne nouvelle » (Evangile) du pardon et de la vie renouvelée que sa mort a rendus possibles ; il leur dit aussi de baptiser au nom du Père, du Fils et du Saint-Esprit. Puis il « monta aux cieux », auprès de Dieu.

**RÉSURRECTION**

Le corps de Jésus fut couché dans un tombeau dont l'entrée était fermée par une grosse pierre. Lorsque quelques-unes des femmes qui le suivaient vienrent au tombeau, elles le trouvèrent vide, et la pierre qui en fermait l'accès, roulée à l'écart. Des anges appararurent et leur annoncèrent que Jésus s'était relevé d'entre les morts.

*Les marques des clous dans les mains et les pieds de Jésus sont clairement apparentes dans ce tableau représentant Jésus sortant du tombeau.*

# L'ÉGLISE DU CHRIST

Les Évangiles nous rapportent que Jésus, avant de monter aux cieux, avait promis d'envoyer l'Esprit qui demeurerait auprès de ses disciples après son départ. Peu de temps après, alors que les disciples sont réunis à Jérusalem, le Saint-Esprit descend sur eux (c'est la Pentecôte) et les remplit d'une audace et d'un pouvoir nouveaux. Ils s'en vont prêcher que Jésus est le Messie promis, appelant tous les hommes à se repentir de leurs péchés et à se faire baptiser au nom de Jésus. Ils constituent une communauté de foi qui existe toujours : c'est l'assemblée des croyants baptisés qu'on appelle l'Église et qui est guidée par l'Esprit saint. L'Église primitive franchit bientôt les limites de Jérusalem et se répandit dans tout l'Empire romain. Aujourd'hui, l'Église compte près de deux milliards d'hommes dans le monde. Aux yeux des chrétiens, l'Église est le « corps du Christ », unie par la foi en lui et appelée à poursuivre son œuvre dans le monde. Les chrétiens s'efforcent d'aimer Dieu et les autres, comme Jésus l'a fait, de répandre son enseignement et de vivre à sa manière.

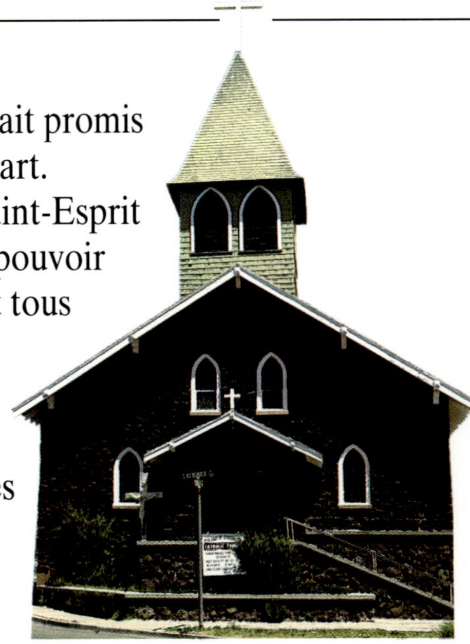

**EGLISE ET EGLISES**
Les chrétiens, c'est-à-dire les baptisés, constituent l'Eglise. Aujourd'hui, l'Eglise est divisée en un grand nombre de groupes, certains très nombreux, d'autres tout petits, qu'on appelle aussi « Eglises » ou « confessions ». Celle qui compte le plus de fidèles est l'Eglise catholique, dont le chef est le pape qui réside au Vatican à Rome. Les bâtiments où se réunissent les chrétiens pour célébrer leurs services religieux s'appellent aussi des églises ou des temples.

**LE SACREMENT DU BAPTÊME**
Les chrétiens célèbrent le baptême et la communion ; ces deux actes liturgiques portent le nom de sacrement. Pour certains chrétiens, il y a cinq autres sacrements. Des Eglises considèrent que les sacrements sont des signes de l'œuvre intérieure et spirituelle de Dieu. Pour d'autres ce sont également les instruments dont use Dieu pour accomplir cette œuvre. Le baptême est le rite d'entrée dans l'Eglise. On utilise de l'eau qui symbolise la purification de l'âme du croyant.

**PIERRE**
Pierre est le premier des disciples de Jésus à avoir reconnu en lui le Messie. Il devint le chef du groupe des douze principaux disciples, appelés les apôtres (« envoyés »), et des premiers chrétiens. On pense qu'il partit pour Rome et y dirigea l'Eglise.

*Pierre tient les clés du royaume des cieux (voir Matthieu XVI, 19).*

*Pierre est souvent appelé « premier évêque de Rome ».*

*Pour les chrétiens, la Bible est « Parole de Dieu », inspirée par Lui de manière particulière.*

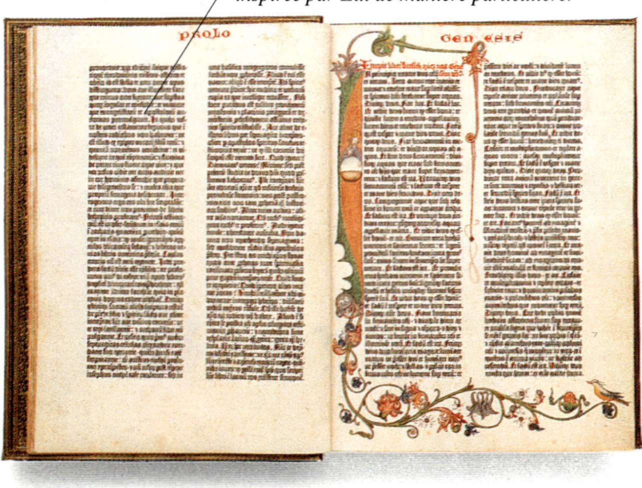

**LA BIBLE**
La Bible est le livre saint des chrétiens, pour qui elle a une autorité unique. La première partie est la Bible juive ; les chrétiens l'appellent Ancien Testament. La seconde partie, appelée Nouveau Testament, est constituée par les écrits des premiers chrétiens.

*IHS : les trois premières lettres du nom de Jésus en grec.*

*En signe de leur autorité, les évêques ont un grand bâton appelé « crosse » et dont la forme rappelle le bâton des bergers. On voit ici le haut d'une crosse ancienne.*

*Agneau près d'une croix, symbole du sacrifice du Christ*

**EVÊQUES ET BERGERS**

Dans la Bible, Jésus est décrit comme le « bon berger ». Les chefs des communautés chrétiennes étaient donc aussi considérés comme des bergers, appelés à veiller sur les fidèles de leurs Eglises comme les bergers (ou « pasteurs ») sur leurs troupeaux. On les appelle des « évêques ».

*« Tu aimeras le Seigneur ton Dieu de tout ton cœur… et ton prochain comme toi-même. »*
Marc XII, 30-31

*Martin Luther en train de prêcher*

**DIFFÉRENTES EGLISES**

Au XIe siècle, la chrétienté se divisa en deux groupes principaux : l'Eglise catholique romaine, en Europe occidentale, dirigée par le pape de Rome, et l'Eglise orthodoxe, dont le centre était à Constantinople (aujourd'hui Istanbul). Au XVIe siècle, les Réformateurs, comme Luther et Calvin, rejetèrent l'autorité du pape. Ceux qui se réclament d'eux sont appelés les protestants.

**PRÉDICATION ET ENSEIGNEMENT**

Jésus a passé une grande partie de son temps à prêcher et à enseigner. Son enseignement prenait la forme de sermons ou de paraboles – petites histoires tirées de la vie quotidienne, et chargées d'un sens spirituel. Le plus célèbre des sermons de Jésus est le « Sermon sur la montagne ». Paraboles et sermons de Jésus sont rapportés par le Nouveau Testament et servent aujourd'hui encore à enseigner et à répandre la foi chrétienne.

*Les douze apôtres écoutent Jésus qui prêche.*

*Jésus instruisant les douze apôtres*

**LE CROISSANT**
Le croissant, qu'on peut voir au sommet de nombreuses mosquées, représentait à l'origine la lune nouvelle croissante. Il est associé à certaines dévotions envers Dieu. L'étoile et le croissant sont présents sur les drapeaux des pays à majorité musulmane.

# LE MESSAGE DE L'ISLAM

L'islam est une religion de soumission. Ses adeptes, les musulmans, sont « ceux qui s'engagent à s'abandonner à la volonté d'Allah » (Allah est le mot arabe pour Dieu). Le mot même d'« islam » signifie « soumission à Dieu ». Les musulmans considèrent leur foi comme la révélation définitive de Dieu qui répond à tous les besoins spirituels et religieux de l'humanité. La religion est fondée par le prophète Mahomet né dans la ville de La Mecque en Arabie vers 570. Vers 40 ans, il se rend compte qu'il est désigné pour devenir un prophète et prêche le message du vrai et unique Dieu. Au début, il rencontre une grande opposition et, en 622, lors de l'hégire (la fuite), il quitte La Mecque pour la cité voisine de Médine avec ses disciples. En 630, il organise ses disciples en une puissante communauté religieuse et politique et peut retourner triomphant à La Mecque. Il meurt en 632 à Médine.

**LES TEXTES SACRÉS**
La calligraphie (l'art de l'écriture) arabe est un grand art de l'islam. Les musulmans essaient d'apprendre la langue arabe partout où c'est possible parce que Dieu a révélé Sa parole à Mahomet en arabe, et ils désirent la lire dans sa langue originale. Sur ce carreau est écrit un fragment du Coran.

**LA KA'BA À LA MECQUE**
La Grande Mosquée de La Mecque est construite autour de la Ka'ba. A l'intérieur de la Ka'ba se trouve la Pierre noire, apportée, selon le Coran, à Abraham par l'ange Gabriel en signe d'alliance entre Dieu et l'humanité.

**PÉLERINAGE À LA MECQUE**
La Ka'ba est le lieu le plus saint de l'islam. Tout musulman en bonne santé, sans dettes et pouvant se payer le voyage, doit faire un pèlerinage à La Mecque au moins une fois dans sa vie pour visiter la Ka'ba et les autres lieux saints. Le pèlerinage est la cinquième des cinq obligations de l'islam. Les autres sont d'abord la profession de foi, puis la prière, le jeûne, pendant le mois du ramadan, et l'aumône. Ces obligations sont fondées sur le Coran et les enseignements du prophète Mahomet.

**PRIER EN DIRECTION DE LA MECQUE**
La prière est la deuxième des cinq obligations de l'islam. Les musulmans doivent prier cinq fois par jour, face à La Mecque, le matin, à midi, au milieu de l'après-midi, après le coucher du soleil et à l'heure du coucher. Dans chaque mosquée, il y a une niche dans le mur appelée *mihrab* qui fait face à La Mecque pour indiquer dans quelle direction il faut se placer pour prier.

**LE DÔME DU ROCHER**

Le Dôme du Rocher, avec son dôme doré et sa base octogonale, se trouve à Jérusalem. Après la Grande Mosquée de La Mecque et la tombe du prophète à Médine, c'est le troisième lieu saint de l'islam. Selon la tradition musulmane, c'est du haut de ce rocher que le prophète Mahomet s'est miraculeusement élevé dans le ciel une nuit de 619. Ce lieu est aussi sacré pour les juifs et les chrétiens, parce que les temples de Salomon et d'Hérode le Grand s'y trouvaient.

## ISLAM

**UN DIEU UNIQUE ?**
Oui, Allah, le miséricordieux et le compatissant

**APRÈS LA VIE ?**
Un jugement dernier suivi par le ciel ou l'enfer

**FONDATEUR OU PROPHÈTE ?**
Le prophète Mahomet qui vécut en Arabie de vers 570 à 632.

**TEXTE SAINT ?**
Le Coran, parole d'Allah transmise à Mahomet par l'archange Gabriel

**PRÊTRES ?**
Aucun

**PRINCIPAL LIEU SAINT ?**
La Ka'ba à La Mecque en Arabie Saoudite.

*Les mots de la* chahada *sont tissés sur le rideau qui recouvre les murs de la Ka'ba.*

*La Ka'ba est un bâtiment cubique de pierre grise ; la Pierre noire se trouve à l'intérieur dans le coin est.*

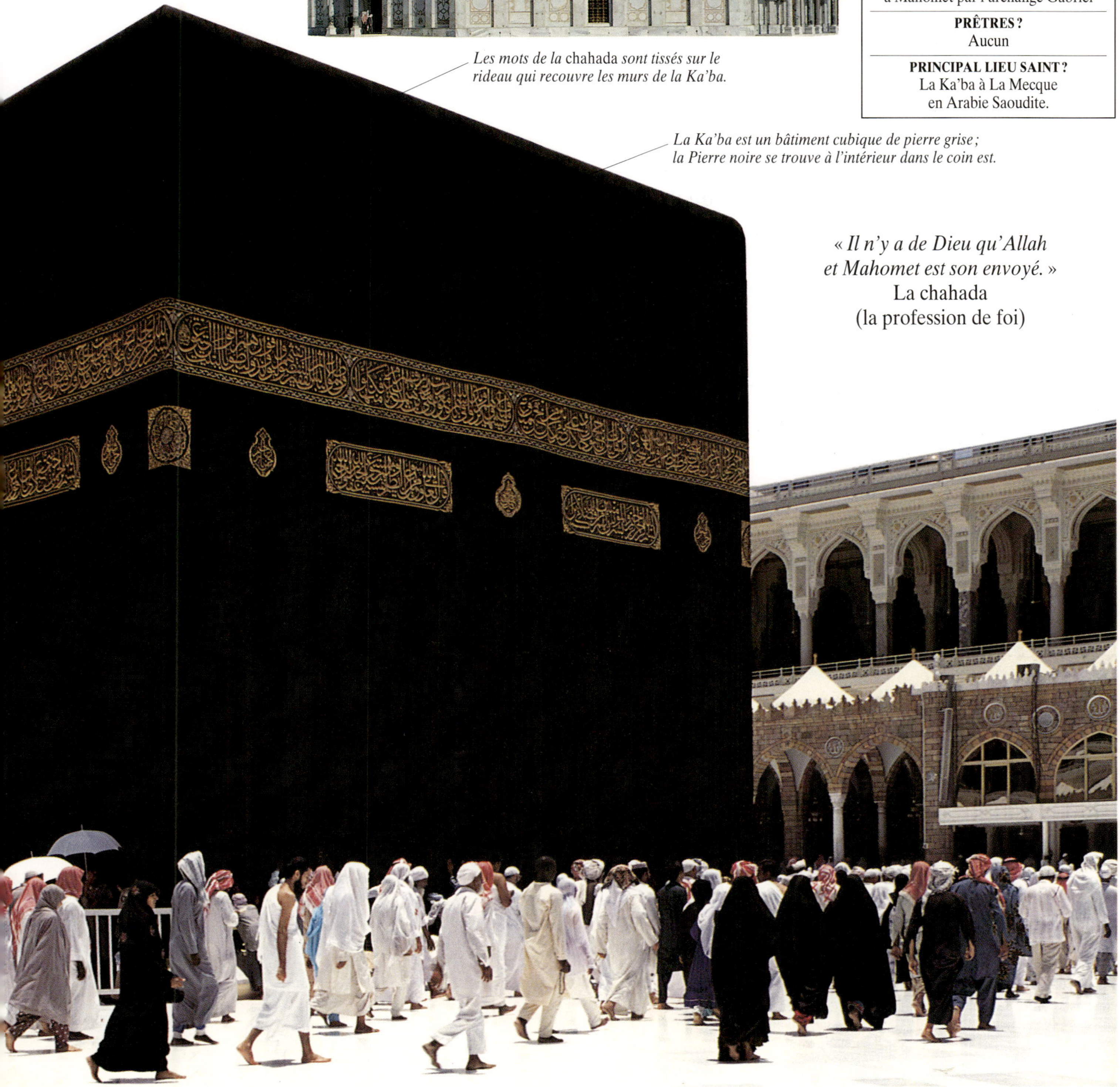

*« Il n'y a de Dieu qu'Allah et Mahomet est son envoyé. »*
La chahada
(la profession de foi)

## LE PEUPLE DU CORAN

Les musulmans croient que le Coran est la parole infaillible de Dieu, exprimant Sa volonté à l'égard de l'espèce humaine : définitive, parfaite et complète. Elle fut révélée de façon miraculeuse au prophète Mahomet à qui, bien qu'il fût illettré, on demanda de « lire » ou de « réciter » les mots qui lui étaient transmis par l'archange Gabriel pendant qu'il se trouvait dans un état de transe. Coran (*al-Qur'an*) signifie littéralement « récitation ». Son enseignement fondamental révèle le caractère de Dieu. Puis, par ordre d'importance, il enseigne qu'il y aura un jugement dernier, lorsque tous les êtres humains auront ressuscité et comparaîtront devant Dieu pour être jugés et envoyés au paradis ou en enfer selon leur comportement. Le Coran donne aussi beaucoup de conseils pour le comportement ici et maintenant. Une partie du Coran a été écrite à La Mecque, une autre à Médine après la *hijra* (hégire), ou émigration de Mahomet dans cette ville en 622. Mahomet commença à recevoir des révélations de Dieu vers 610 et il en reçut encore jusqu'à sa mort en 632. Cinquante ans après, ces révélations furent rassemblées à partir de sources orales et écrites pour constituer le Coran.

**APPRENDRE À RÉCITER**
Le Coran accompagne constamment le musulman. Depuis leur plus tendre enfance, les musulmans entendent ses mots chaque jour. A l'école on les incite à les apprendre par cœur. Souvent, ils apprennent à lire à partir de passages du Coran.

**PRÊCHER**
Dans la mosquée, le *minbar*, ou chaire, se trouve à la droite du *mihrab*. Dans les premiers temps, il n'avait que trois marches, mais de nos jours il est souvent beaucoup plus richement décoré et de plus grande taille, comme celui-ci. Seul le prophète Mahomet a prêché depuis la dernière marche : l'imam, ou professeur, doit se trouver sur une marche inférieure. Les musulmans s'attendent à entendre un sermon lu depuis le *minbar* lorsqu'ils se rassemblent dans la mosquée le vendredi pour les prières de la mi-journée.

**L'ARCHANGE GABRIEL**
Lorsque Mahomet eut quarante ans, il vit l'archange Gabriel apparaître devant lui sous une forme humaine pendant qu'il méditait dans une caverne près de La Mecque. L'archange lui transmit les paroles de Dieu. Au début, Mahomet se demanda s'il était en train d'imaginer tout cela, mais très vite il crut sincèrement qu'il entendait les paroles de Dieu. En tant que messager divin, il devait retransmettre les mots qu'il entendait aux habitants de La Mecque, prêcher l'existence d'un Dieu unique, Allah, et dénoncer le polythéisme (le culte de plusieurs dieux).

**LES NOMS DE DIEU**
Le Coran délivre un enseignement sur Dieu en le décrivant avec des noms tels que : Grand, Miséricordieux, Gardien, ou Guide. Au total il existe 99 noms. Les musulmans les récitent en égrenant des rosaires de 33 grains et méditent sur ces noms. Certains passages, comme le fameux verset du Trône, Sourate (chapitre) XXXIX, 75, écrit ici sur un gemme, décrit Dieu de façon éloquente et longue.

**LE CORAN**
Les musulmans croient que le Coran est la dernière d'une série de révélations envoyées au monde par Dieu, exprimant sa volonté pour l'humanité. La version officielle du Coran, écrite en arabe classique, fut rédigée vers 660 sous Uthman, le troisième successeur de Mahomet. Les musulmans le considèrent comme parfait et pensent qu'il est impossible de le traduire de l'arabe originel. Le Coran comporte 114 sourates. Il est souvent magnifiquement imprimé et décoré et peut être conservé dans des couvertures ou des coffrets spéciaux pour montrer sa valeur. Il ne peut être touché que par des musulmans qui se sont auparavant lavés de façon rituelle.

Le Coran du sultan Baybars. D'abord esclave turc, Baybars finit par gouverner l'Egypte de 1309 à 1310. Il finança alors la création de nombreux objets d'art pendant son sultanat.

*« Ô vous qui croyez !*
*Croyez en Dieu et en Son Prophète,*
*au livre qu'Il a révélé,*
*à Son prophète et au livre*
*qu'Il a révélé auparavant. »*
Coran IV. 136

## LA MOSQUÉE

Pour les musulmans, l'islam devrait régler chaque partie de la vie d'un individu ou d'une nation, sans aucune distinction entre le religieux et le reste. La mosquée est au centre de la vie de la communauté et les mosquées peuvent être les principaux centres d'éducation et de travail social. Le Coran établit les règles gouvernant non seulement la vie d'un individu mais aussi celle de la communauté. Ces règles recouvrent tous les aspects du comportement religieux et social, depuis la prière, la charité, le jeûne et le pèlerinage jusqu'au mariage, l'héritage ainsi que la nourriture et la boisson. Le *hadith* (la tradition) est aussi très important ; c'est le récit de la vie et des activités de Mahomet et des premières communautés musulmanes. Il contient la *Sunna* (l'exemple) du Prophète – le modèle auquel tous les musulmans doivent aspirer. Le Coran et la *Sunna* forment ensemble la *chari'a* (la loi) qui est un guide détaillé de vie et de conduite donnant un code de comportement défini que doivent respecter les musulmans.

**LA POSITION DE LA PRIÈRE**
L'image ci-dessus montre un musulman qui se lave de façon rituelle et prie ensuite. Les musulmans respectent un nombre déterminé de « prosternations » pendant leur prière. Il existe un ordre établi de mouvements pendant lesquels les fidèles se prosternent deux fois (c'est-à-dire s'agenouillent puis se penchent très bas, face contre terre).

**L'APPEL À LA PRIÈRE**
Cinq fois par jour, les musulmans sont conviés à la prière par un muezzin qui les appelle du haut d'un minaret (une tour dans la mosquée construite à cet effet). Les muezzins appellent en arabe, l'appel commence par « Allah est grand » et finit par « Il n'y a pas d'autre Dieu qu'Allah ! »

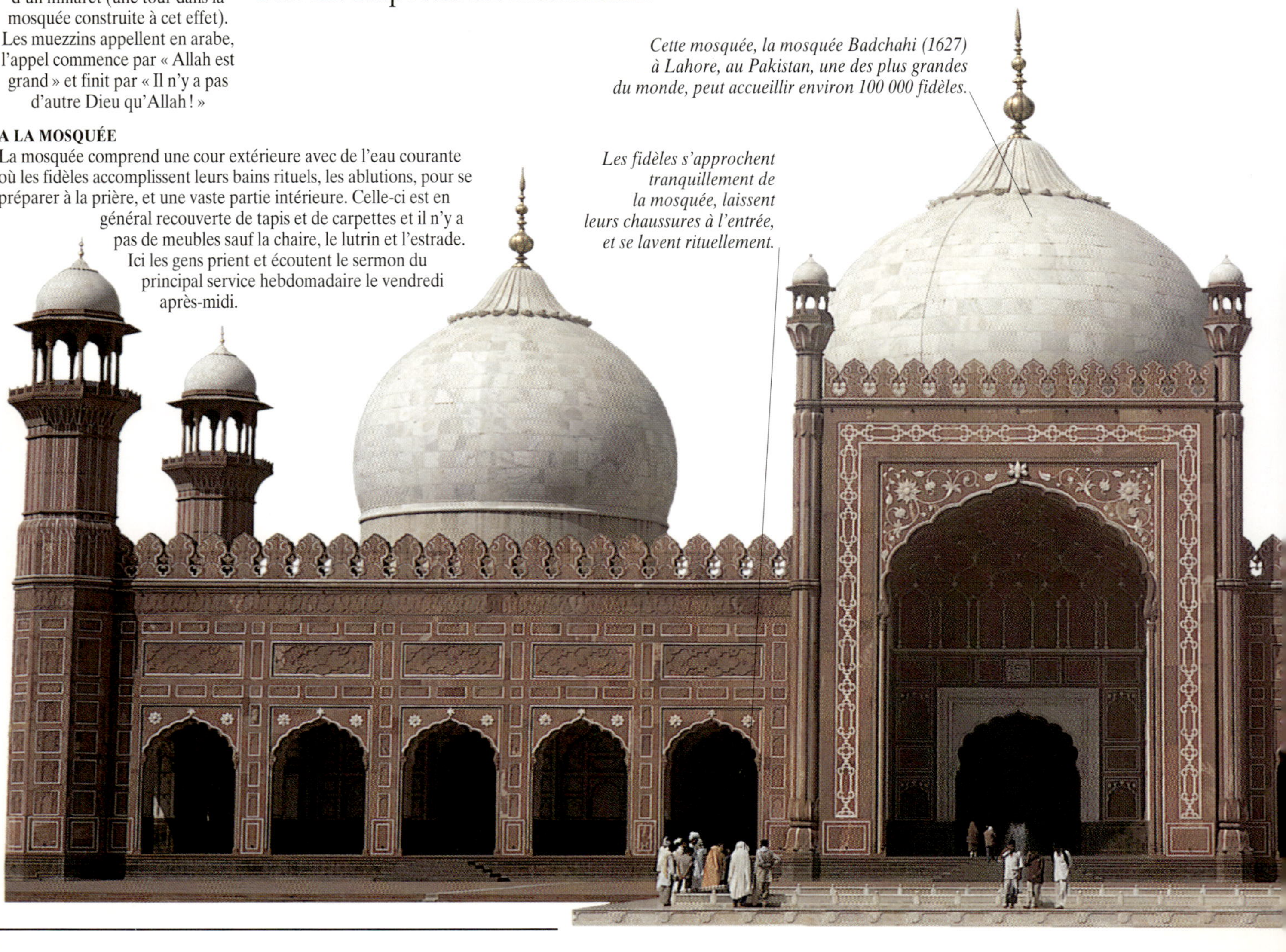

*Cette mosquée, la mosquée Badchahi (1627) à Lahore, au Pakistan, une des plus grandes du monde, peut accueillir environ 100 000 fidèles.*

**A LA MOSQUÉE**
La mosquée comprend une cour extérieure avec de l'eau courante où les fidèles accomplissent leurs bains rituels, les ablutions, pour se préparer à la prière, et une vaste partie intérieure. Celle-ci est en général recouverte de tapis et de carpettes et il n'y a pas de meubles sauf la chaire, le lutrin et l'estrade. Ici les gens prient et écoutent le sermon du principal service hebdomadaire le vendredi après-midi.

*Les fidèles s'approchent tranquillement de la mosquée, laissent leurs chaussures à l'entrée, et se lavent rituellement.*

**LE SOUFISME**
Le soufisme, mouvement qui fait partie de l'islam, se concentre sur l'expérience directe avec Dieu. Il se retrouve dans les deux branches de l'islam, le sunnisme et le chiisme. Certains soufis dansent pour pratiquer leur culte. Ils sont connus de tous sous le nom de « derviches tourneurs ».

*« Allahu akbar – Dieu est le plus grand. »*
Appel à la prière depuis le minaret.

**LES PRIÈRES PUBLIQUES**
Ces fidèles, sous la direction d'un imam (enseignant religieux), se prosternent pendant leur prière. En se courbant, ils disent : « Gloire à Dieu, le grand. » En se prosternant ils disent : « Gloire à Dieu, le Tout-puissant. » Le mégaphone permet à tous les fidèles d'entendre et de suivre le guide.

*La* qibla *indique la direction de La Mecque.*

**LE TAPIS DE PRIÈRE**
Lorsque les musulmans prient, ils font face à la Ka'ba à La Mecque. Pour trouver la direction de la Ka'ba, ils ont besoin d'une boussole spéciale appelée *qibla*. Elle fait partie intégrante de nombreux tapis de prière modernes comme celui-ci. Certains pays islamiques, comme l'Iran et la Turquie, ont développé le tissage traditionnel de superbes tapis et carpettes de prière.

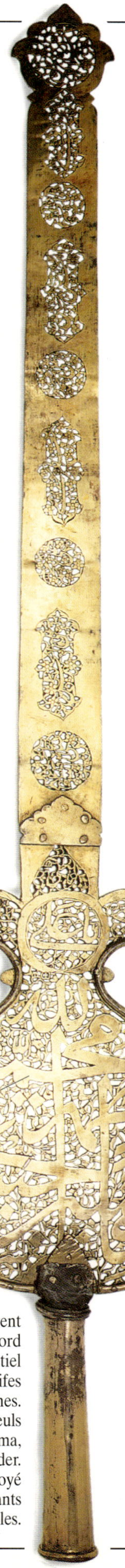

*Etendard chiite portant les noms d'Allah, de Mahomet et d'Ali, son gendre.*

**SUNNITES ET CHIITES**
Les sunnites sont majoritaires dans l'islam (90%) et les chiites minoritaires (10%). Les musulmans sunnites considèrent la *chari'a*, fabriquée avec l'accord de la communauté, comme leur guide essentiel et croient qu'après la mort de Mahomet, les califes (les chefs) qui lui ont succédé étaient légitimes. Les musulmans chiites croient que seuls les descendants de la fille de Mahomet, Fatima, et de son mari, Ali, auraient dû lui succéder. Ils pensent qu'après la mort d'Ali, Dieu a envoyé les imams (enseignants religieux) descendants d'Ali comme Ses messagers infaillibles.

# INDEX



# NOTES

Dorling Kindersley tient à remercier :
The Ashmolean Museum (Andrew Topsfield) ; Surinder Singh Attariwala ; The Bristish Museum (Richard Blurton, Dylan Jackson, Graham Javes, Chris Kirby, Jane Newsom) ; The Buddhapadipa Temple (venerable Phrakru Lom) ; The central London Gurdwara (Bhupinder Bhasin Singh) ; David and Barbara Farbey ; Glasgow Museums (Patricia Bascom, Jim Dunn, Ellen Howden, Antonia Lovelace, Mark O'Neil, Winnie Tyrell) ; Golders Green United Synagogue (Philip Solomons) ; Dr Ian L. Harris, Principal Lecturer in Religious Studies, University College of St Martin, Lancaster ; Professor John Hinnells, Professor of Comparative Religion, School of Oriental and African Studies, University of London ; Dora Holzhandler ; The Jewish Museum (Alisa Jaffa) ; New World Aurora, Neal's Yard, Covent Garden ; The Powell-Cotton Museum, Birchington, Kent (Derek et Sonja Howlett, malcolm harman) ; Dr John Sheperd, reader in religious Studies, University College of St Martin, Lancaster ; Indarjit Singh ; K. S. Singh ; Westminster cathedral (Father Mark Langham) ; The Zoroastrian Trust Funds of Europe (Incorporated) (Rusi Dalal). Susila Baynars, Ann Cannings, Miriam farbey, Julie Ferris, Jason Gonsalves, Iain Morris, Andrew Nash, Sailesh Patel, Kati Poynor, Miranda Smith, Helena Spiteri, Nicki Waine, Saillie Alane Reason, Marion Dent.

# ICONOGRAPHIE

Photographies complémentaires de Janet Peckham du British Museum.

h = haut, b = bas, c = centre, g = gauche, d = droite

Ancient Art & Architecture Collection : 55hd ; ASAP/Gadi Geffen 46bg ; Ashmolean Museum, Oxford 53hg ; Bridgeman Art Library, London/Victoria & Albert Museum, London 21hg ; Bibliothèque nationale, Paris 30hg ; Bristish Library 36hg,52bd ; Giraudon/Musée Condé, Chantilly 49, 57bd ; Oriental Museum, Durham University 25d ; Osma-Soria Chapter House, Soria/Index 51bg ; Staatliche Museen, berlin 13hg ; Staats und Universitätsbibliothek, hamburg 42hg ; Tretyakov Gallery, Moscou 48c ; British Museum 4c, 10-11b, 10hd, 10c, 10hg, 11hc, 11hg, 11cg, 12bd, 12hg, 12bg, 57hg ; E.T. Archive/National Museum of Denmark53hd ; Mary Evans Picture Library 20hd, 31bcg, 58hd ; Werner Forman Archive 8hd, 34hd ; Musée Guimet, Paris 24bd ; Glasgow Museums/The Burrell Collection 13g, 31bd, 51bd ; St Mungo Museum of Religious Life & Art 15d ; © Dora Holzhandler 46bd ; Sally et Richard Greenhill/Sam Greenhill 28hg ; Sonia Halliday Photographs 12 hd, 42c ; Robert Harding Picture Library8hg, 9hg, 16hd, 22hg, 22bg, 26cd, 26hg, 34hg, 38dc, 44hd, 52hd, 54c, 59c, ; Hutchinson Library 14c ; Nick Haslam 29bg ; Eile Salmanov 41 hd ; Michael MacIntyre 35hd ; Images Colour Library32bg ; Impact/Christopher Cormack 38gc ; G. Mermet/Cedri 25hd ; Mohamed Ansar 22 hd ; Joods Historisch Museum, Amsterdam 44hg ; Magnum/Abbas 56hd ; Bruno Barbey 8bd, 40dc, 40gc ; Fred mayer 33bd ; Nelson-Atkins Museum of Art, Kansas City, Missouri (Donation de Bronson Trevor en souvenir de son père, John Trevor) 30hd ; Panos Pictures/Paul Smith 52cd ; Ann et Bury Peerlens 37bg, 39hg, 58-59b ; Pitt Rivers Museum, Oxford 32-33b ; Peter Sanders 54-55b, 54bg, 58hg ; Scala, Florence/Bargello, Florence 50b, 53 bd ; Saint Pierre de Rome, Le Vatican 50hd ; Spectrum Color Library 34bg ; Franck Spooner Pictures 20hg ; bartholome/Liaison 37hg ; Museum of the Order of St John 50hg ; Tony Stone Images/Patrick Ward 8-9c ; Topham Picture Source 30bg ; trip/H. Rogers 38hg ; ZEFA Pictures 45cg.